USAGES

ET

RÈGLEMENTS LOCAUX

DE LA VILLE ET DU TERRITOIRE

D'AVIGNON

Constatés, recueillis et commentés par

V.-E. BENOIT

Président du Tribunal Civil d'Avignon,

Officier d'Académie, Membre de l'Académie de Vaucluse,
Associé-correspondant de l'Académie de Nîmes, etc.

Quatrième Édition

Remaniée et mise en harmonie avec le nouveau Code rural et
augmentée d'une Table analytique des matières.

AVIGNON

H. CHASSING, LIBRAIRE-ÉDITEUR

1, Place de l'Hôtel-de-Ville et Rue des Marchands, 2

USAGES

ET

RÈGLEMENTS LOCAUX D'AVIGNON

PUBLICATIONS DU MÊME AUTEUR :

Manuel de la législation française à l'usage de tout le monde, comprenant un Précis du droit civil, du droit commercial, de la procédure, du droit criminel et du droit administratif, avec l'explication des nouvelles Lois et les Formules de tous les actes usuels. — 1876, 1 vol. in-12. Paris, LAROSE, libraire-éditeur, rue Soufflot, 22. (*Epuisé*).

De la dénonciation de l'ouverture de l'ordre à l'adjudicataire. — 1878, Paris, COTILLON, libraire-éditeur (*Revue critique de Législation et de Jurisprudence*).

De quelques modifications à apporter à la Loi du 3 mai 1841. — in-8°. 1879, Paris, COTILLON, libraire-éditeur. (Brochure extraite de la *Revue critique de Législation et de Jurisprudence*).

Guide-Formulaire des experts et des officiers de police judiciaire en matière médico-légale, — 1880. 1 vol. in-8. Paris, LAROSE, libraire-éditeur, rue Soufflot, 22.

De la nécessité de constater et de recueillir les usages locaux à propos du nouveau Code rural. — 1881. (LE DROIT, journal des Tribunaux, n° 202).

USAGES

ET

RÈGLEMENTS LOCAUX

DE LA VILLE ET DU TERRITOIRE

D'AVIGNON

Constatés, recueillis et commentés par

V.-E. BENOIT

Président du Tribunal Civil d'Avignon,
Officier d'Académie, Membre de l'Académie de Vaucluse,
Associé-correspondant de l'Académie de Nîmes, etc.

Quatrième Édition

Remaniée et mise en harmonie avec le nouveau Code rural et
augmentée d'une Table analytique des matières.

AVIGNON

H. CHASSING, LIBRAIRE-ÉDITEUR

1, Place de l'Hôtel-de-Ville et Rue des Marchands, 2

Boni usus et bonæ consuetudines Civitatis
Avenionensis firmi et firmæ perpetuo
permanebunt.

*(Convention du 7 mai 1251 passée
entre la ville d'Avignon, d'une part,
et les Seigneurs de la Cité, Alphonse
de Poitiers, Comte de Toulouse,
Charles d'Anjou, Comte de Provence,
d'autre part).*

M DCCC LXXXV

Tous droits réservés

PRÉFACE

L'accueil bienveillant qu'a reçu, il y aura bientôt dix ans, la publication de nos *Usages et Règlements locaux*, nous imposait le devoir de les compléter et d'en faire aujourd'hui une nouvelle édition.

L'élaboration d'un Code rural, demandé depuis longues années, est sur le point d'aboutir : le 20 août 1881 ont été promulguées trois importantes lois faisant partie de ce Code. Cependant, les anciens usages et les règlements particuliers et locaux conservent, dans certains cas déterminés, force de loi et forment le complément naturel et nécessaire de la nouvelle législation. Nous avons fait subir à notre ouvrage certaines modifications de détail qui le mettent en harmonie avec la loi et la jurisprudence actuelles. Enfin, une table alphabétique et analytique des matières, destinée à faciliter les recherches, termine cette œuvre qui n'a qu'un but : être utile à notre pays.

B.

PROLÉGOMÈNES

Consuetudinis usûsque longœvi
non vilis auctoritas est.

Loi II, Code, Liv. 8, Tit. 53.

Consuetudines sunt leges vivis
inscriptœ tabulis.

BACON.

L'unité de législation dont la France jouit a été la réalisation d'une grande et noble idée : celle de régler d'une manière identique et uniforme nos droits et nos devoirs. Mais, comme l'a dit avec raison Montesquieu, en parlant de ces *idées d'uniformité qui saisissent quelquefois les grands esprits :* « Les mêmes lois dans « l'État !.... Cela est-il toujours à propos sans « exception?... La grandeur du génie ne consis-« terait-elle pas mieux à savoir dans quels cas « il faut de l'uniformité et dans quels cas il faut « des différences ? (1) ».

S'il est une matière qui en exige, c'est assurément celle qui tient aux besoins, aux mœurs, aux habitudes des populations et à la diversité du sol. L'uniformité ne signifie pas toujours et

______

(1) ESPRIT DES LOIS, *Livre XXIX, chap. 1?*.

partout amélioration ; il est même des cas où l'uniformité s'éloignerait trop de la justice, qui est le but principal des lois, et serait une innovation périlleuse pour ce grand nombre de localités qui ont conservé des coutumes, des règlements, des usages nécessaires à l'exercice de plusieurs droits de propriété.

Aussi, il faut le reconnaître, quelque séduisante que paraisse l'idée de tout régir par une seule et même loi, cette idée n'a point prévalu dans la confection de notre Code civil. Le législateur, pénétré du danger qu'il y avait à imposer pour certaines matières une règle fixe, générale et uniforme, a, dans sa sagesse, maintenu et par cela même consacré les usages et les règlements établis dans chacune des diverses localités de la France.

C'est pourtant une opinion assez répandue dans le public que la législation qui nous gouverne ne remonte pas au delà de 1789, et que nous avons rompu sans retour avec le droit antérieur ; on semble croire que les Assemblées fameuses qui établirent alors le gouvernement sur de nouvelles bases, renversèrent le monument législatif tout entier, anéantirent les anciennes institutions et les coutumes sans aucune exception, et rebâtirent à nouveau, sur ces vastes ruines, l'édifice de nos lois. C'est là une erreur : car, il est certain qu'une foule de matières civiles, commerciales, administratives et de police sont régies, en tout ou en partie, par les lois, ordonnances, règlements et usages anciens, et que les législateurs modernes n'ont rien trouvé de mieux à faire que de sanctionner par leur approbation, expresse ou tacite, l'œuvre de leurs devanciers.

Au surplus, si toutes les lois qui régissaient autrefois en France la famille, la propriété et les contrats ont été révisées, refondues et améliorées dans le Code civil, il importe de remarquer, néanmoins, qu'en opérant la fusion des idées anciennes avec celles de la Révolution, le législateur s'en est rapporté, sur plusieurs points, aux règlements et usages locaux, « renonçant ainsi par nécessité au bénéfice de l'uniformité dans une matière qui ne la comportait pas (1) ».

Un grand nombre de nos départements ont vu ces règlements et usages locaux recueillis avec soin, constatés par écrit et publiés ; rien de semblable n'a jamais été accompli chez nous. On comprend cependant de quelle utilité (pour ne pas dire *nécessité*) serait pour tous un ouvrage

---

(1) EXPOSÉ DES MOTIFS du titre IV, livre 2 du Code civil, par le conseiller d'Etat Berlier.

consciencieusement exécuté, qui embrasserait tous les règlements et usages locaux ayant encore force de loi dans les divers arrondissements et cantons de Vaucluse (1).

Sans avoir la prétention d'accomplir cette œuvre, — que je laisse à une plume plus savante que la mienne, — mon but est, dans ces notes sommaires, de faire connaître seulement les principaux usages du territoire de la ville d'Avignon (2), et de présenter dans un ordre méthodique ces questions d'un aussi minime intérêt

---

(1) Les Conseils généraux ont, à diverses reprises, émis le vœu que les usages locaux encore en vigueur dans nos départements, fussent réunis et publiés sous les auspices du Gouvernement.

En effet, en 1844, M. le ministre de l'intérieur, par une circulaire en date du 26 juillet, avait appelé sur cet objet l'attention et l'examen de tous les Conseils généraux. Après avoir indiqué les principaux articles du Code qui donnent à l'usage force de loi, M. le ministre s'exprimait ainsi : « L'énumération de ces cas principaux suffit pour « que l'on comprenne de quelle utilité serait dans chaque départe- « ment un recueil des usages, formé avec soin et revu par toutes les « personnes de la localité les mieux instruites et les plus compéten- « tes. On ne saurait sans doute l'imposer comme loi, mais les autorités « aussi bien que les particuliers y puiseraient journellement des ren- « seignements indispensables, et par degrés, on parviendrait à recti- « fier et même a fixer d'une manière authentique des usages parfois « contradictoires et souvent mal connus. »

Quelques années après, un pas de plus fut fait vers la réalisation des vœux des Conseils généraux, Une circulaire de M. le ministre de l'Agriculture et du Commerce, en date du 15 juillet 1855, prescrivit la formation de Commissions cantonales pour recueillir et constater les usages en vigueur dans chaque canton. En outre, le ministre de la Justice, par sa circulaire du 3 avril 1855, engagea les magistrats à prêter leur concours pour constater et recueillir les usages locaux dans l'intérêt des services administratif et judiciaire. Ajoutons que ce travail n'a jamais été exécuté dans notre département.

(2) Les deux cantons d'Avignon comprennent aujourd'hui la ville d'abord, ensuite la commune de Morières, les hameaux de Montfavet et du Pontet et l'île de la Barthelasse.

en apparence, et en réalité d'une application si
usuelle et souvent si difficile. En rapportant
l'usage constant et reconnu chez nous, je n'au-
rais fait que répéter ce que chacun constate
journellement et mettre certains principes de
nos lois en harmonie avec les usages auxquels
elles renvoient expressément.

En effet, si nous ouvrons le Code civil, nous
y voyons que l'exploitation des carrières à ciel
ouvert (art. 544 et la loi du 21 avril 1810),
l'usufruit des bois (art. 590, 593) ; l'usage des
eaux courantes (art. 644, 645) ; la hauteur des
clôtures dans les villes et faubourgs (art. 663) ;
les distances à garder entre les héritages pour
les plantations d'arbres de haute tige (art. 671);
les constructions susceptibles par leur nature
de nuire au voisin (art. 674) ; les délais à observer pour les congés des locations et les paie-
ments des sous-locations (art. 1736, 1738, 1753,
1758, 1759); les réparations locatives ou de
menu entretien (art. 1754, 1755) ; les obligations des fermiers entrants et sortants (art.
1777), ont généralement pour règle l'usage des
lieux, les règlements particuliers, les coutumes ;
de même, la loi du 20 août 1881, qui comprend
une partie du nouveau Code rural, se réfère sur
beaucoup de points à l'usage local immémorial
et aux règlements particuliers.

Avant de parcourir les divers cas que nous venons d'énumérer, il ne sera pas inutile de rappeler d'abord quelques détails historiques, ensuite de déterminer l'origine des usages et les caractères qu'ils doivent avoir.

Le territoire qui forme aujourd'hui la majeure partie du département de Vaucluse fut, durant cinq siècles, divisés en deux États qui, quoique soumis au seul pouvoir pontifical, étaient cependant régis par des lois particulières et pourvus d'institutions différentes. Le premier État ne comprenait que la ville d'Avignon et le territoire suburbain ; le représentant du Souverain Pontife y résidait et se nommait Légat ou Vice-Légat. Le second État formait le Comté Venaissin proprement dit ou simplement le Comtat ; il était administré par un Recteur et avait Carpentras pour chef-lieu. Le Vice-Légat et le Recteur étaient placés au sommet de la hiérarchie judiciaire.

La ville d'Avignon et son territoire ont donc formé un État particulier, distinct du Comtat Venaissin, jusqu'au moment de la réunion du pays entier à la France, réunion qui fut décrétée le 14 septembre 1791, par l'Assemblée Constituante.

A cette époque le département de Vaucluse

fut formé : 1° de l'État d'Avignon et du Comtat
(dont quelques communes furent jointes à la
Drôme); 2° des trois paroisses de Bédarrides,
Châteauneuf-Calcernier et Gigognan, sur lesquelles s'étendait la souveraineté temporelle
des archevêques d'Avignon, et de quelques-
unes des terres adjacentes de Provence, comme
Mondragon ; 3° du Comté de Sault et de la
viguerie d'Apt, qui dépendaient de la Provence,
et 4° enfin de la principauté d'Orange qui,
depuis le traité d'Utrecht (1713), était réunie à
la France.

On chercherait donc en vain, sur ce territoire,
aussi divisé jadis que peu étendu aujourd'hui
comme département, un ensemble de lois, d'institutions et de coutumes formant un tout homo-
gène ; cette unité n'avait pu se produire, même
lorsque la province pontificale embrassa Avignon et le Comtat Venaissin.

L'État d'Avignon et le Comtat Venaissin
avaient chacun des statuts particuliers qui
remontaient à 1154 et furent remaniés en 1243 ;
c'étaient de véritables codes qui, basés sur le
droit romain, formaient avec les bulles des
papes et les ordonnances des légats, vice-légats
et recteurs, une législation complète.

En parcourant nos statuts on est frappé de la

sagesse et du mérite de leurs prescriptions ; on est surpris de trouver d'aussi bonnes règles d'administration et de police dans des temps si éloignés de nous et qu'on serait trop souvent porté à considérer comme barbares. « Les
« Statuts d'Avignon, a dit M. Victor Faudon (1),
« sont écrits en latin avec une naïveté et une
« prolixité d'expressions que les traductions
« françaises ont fidèlement reproduites. Ces
« codes sont cependant précieux pour l'histoire
« des origines du droit dans le Midi de la
« France. Il est curieux de rechercher dans ces
« Statuts, comme dans ceux d'Arles et de
« Marseille, les premiers efforts de notre pays
« cherchant à se donner une législation régu-
« lière et des institutions adaptées à ses besoins.
« D'ailleurs, si imparfaites qu'elles puissent
« être, nous n'étudions qu'avec respect nos
« anciennes lois, car nous y lisons bien des
« pages qu'on ne peut que louer. »

Avant donc la publication du Code civil, la ville d'Avignon et son territoire étaient régis par les lois romaines, dont les dispositions, tempérées par nos Statuts municipaux et par des règlements de nos légats et vices-légats,

(1) *Essai sur les institutions judiciaires, politiques et muni-cipales d'Avignon et du Comté Venaissin sous les Papes* par M. Victor Faudon, conseiller à la Cour d'appel de Nîmes.

étaient, pour certaines matières, subordonnées à des usages non écrits.

On désigne sous le nom d'*usages*, les règles introduites par les mœurs et la tradition, mais non rédigées par écrit, à la différence des coutumes proprement dites (1).

L'usage est né des actes uniformes de plusieurs particuliers ; ces actes, publics, réitérés, tolérés par le législateur, ont servi et servent encore de règle à ceux qui n'y ont point eu de part.

L'usage, dit Merlin (2), se forme par la volonté tacite du peuple qui l'observe, avec la volonté tacite du législateur qui le laisse observer.

Remarquons que l'usage n'ôte rien à personne, n'exige ni titre, ni preuve de bonne foi (3), lie ceux mêmes qui ne le connaissent pas, enfin forme un droit pour tous indifférement.

Dans les cas nombreux où le Code civil se réfère d'une manière expresse aux anciens usages, leur violation, alors qu'ils sont reconnus comme constants, donne ouverture à cassation (4).

---

(1) *Dalloz*. Vⁱˢ *Lois*, 112.
(2) *Répertoire* Vᵒ *Usage*.
(3) A la différence de la prescription.
(4) Voir Aubry et Rau, 4ᵉ édition tome ɪ p. 43, et arrêt de cassation du 21 avril 1813.

Il est de principe que c'est à la partie qui invoque un usage à en faire la preuve. Les recueils particuliers qui constatent les usages locaux n'ont pas force de loi et ne lient pas l'appréciation du juge. A défaut de documents suffisants, le tribunal pourrait ordonner une enquête ou tout autre moyen d'instruction pour s'édifier sur l'existence de l'usage contesté.

L'opinion de tous les jurisconsultes qui se sont occupé des usages, d'accord avec le bon sens, ne donne d'autorité aux usages que dans le cas où leur existence est reconnue d'une manière irréfragable ; qu'ils sont constants et ne se trouvent en opposition avec aucune loi ; qu'ils se sont introduits dans les mœurs ou les habitudes pour suppléer au silence de la loi et tenir lieu de la loi elle-même (1). Ce sont, pour employer les expressions de Domat, *des lois arbitraires dans des matières arbitraires.*

Interpréter la loi et la suppléer, tel est donc le double pouvoir qu'on a reconnu à l'usage, en

---

(1) Notons ici que l'usage, quelque général qu'il soit, ne peut abroger une disposition légale. *(Arrêts de la Cour de Paris du 1er mai 1848 et du 30 juillet 1853 ; — de la Cour de Cassation du 11 juillet 1855).* Les usages anciens, *contraires au Code civil,* ne sont obligatoires pour les parties, qu'autant qu'elles s'y sont référées dans leurs conventions et leur ont ainsi donné la valeur d'une stipulation conventionnelle. On allèguerait vainement que ces usages étant constamment suivis dans la localité où la convention a été passée, les contractants sont réputés s'y être conformés. *(Arrêt de la Cour de Cassation du 12 novembre 1856).*

le restreignant toutefois aux questions civiles. On comprend, en effet, qu'en matière criminelle, l'usage soit sans autorité, car les textes formels et précis sont seuls applicables pour caractériser un délit ou pour édicter une peine.

Ajoutons, pour finir ces considérations générales, que l'usage ne peut plus être prouvé aujourd'hui que par titres ou par témoins, et occupons-nous spécialement de nos usages locaux.

CHAPITRE I

De l'aménagement des bois (Articles 590, 591 du Code civil)

La première question (1) que nous avons à traiter est relative à l'aménagement des bois, dont le Code civil s'occupe au titre de l'*Usufruit*.

On appelle *aménagement* la division d'une forêt ou d'un bois, en coupes successives et la fixation de l'étendue ou de l'âge des coupes annuelles, dans l'intérêt de la conservation et de la consommation.

Il n'existe pas, dans le territoire d'Avignon, des bois susceptibles d'aménagement. Il y a cependant des bois d'aulnes, vulgairement appelés *aubes*, que l'on coupe tous les vingt ou ving-cinq ans. Le système du balivage est employé comme moyen de renouvellement de ces bois, c'est-à-dire qu'à l'époque de la coupe certains plants ou baliveaux sont réservés pour servir à peupler le bois. On vend les aulnes par pied d'arbre, sur évaluation contradictoire entre

---

(1) La 1re question qui s'offre dans l'ordre légal (art. 544 Code civil) concerne l'exploitation des carrières à ciel ouvert, laquelle n'a lieu qu'à la charge d'observer les règlements de police. Mais comme il n'y en a pas dans notre territoire, nous commençons par l'usufruit des bois.

les parties; ils servent chez nous à la tonnellerie garancière et à la confection des sabots.

En outre, Avignon possède sur les bords du Rhône et de la Durance, et dans l'île de la Barthelasse, des plantations d'arbrisseaux et de petits osiers, dites oseraies ou vergantières, que l'on coupe chaque année depuis le mois d'octobre jusqu'à fin mars. On les vend à tant l'éminée, (soit 8 ares, 54 centiares).

On fait avec les saules de tête et les saules de plantation des chaises et des fagots à brûler; on les coupe tous les trois ans, en hiver, le bois ayant alors acquis une grosseur convenable.

CHAPITRE II

Du remplacement des arbres des pépinières
(Art. 590, § 2 du Code civil)

Il n'y a pas dans le territoire d'Avignon, de pépinières assez nombreuses ou assez importantes pour qu'il existe sur ce point des usages constants et reconnus.

L'usufruitier doit néanmoins jouir des pépinières que comprend son usufruit, comme en jouirait le propriétaire, agissant en bon père de famille. Ainsi, par exemple, la pépinière a-t-elle été établie pour spéculer sur la vente des plants?

L'usufruitier peut vendre les arbres en replantant un nombre de sujets égal au nombre vendu, soit sur le même terrain, soit sur un autre terrain convenablement préparé.

Mais, si la pépinière a été créée pour l'entretien du domaine, l'usufruitier devra transplanter les arbres, suivant les besoins de la propriété et les règles de l'agriculture, sans être obligé de les remplacer.

CHAPITRE III

Des échalas qui peuvent être pris dans les bois pour les vignes (Art. 593, du Code civil)

On ne se sert pas chez nous d'échalas pour les vignes, c'est dire assez qu'il n'existe pas d'usage autorisant l'usufruitier à en prendre dans les bois soumis à l'usufruit.

CHAPITRE IV

Des émondages annuels ou périodiques (Art. 593 du Code civil)

L'usufruitier est tenu d'émonder annuellement tous les arbres soumis à la taille annuelle, dans la propriété dont il a l'usufruit (1). Mais il importe

___

(1) C'est là un devoir à lui imposé par sa qualité même, qui l'oblige à administrer en bon père de famille

de retenir qu'il y a également chez nous des arbres fruitiers qu'on laisse croître à haute tige et en plein vent, auxquels on enlève seulement le bois mort.

Le bois provenant de l'émondage appartient à l'usufruitier, mais il ne constitue réellement un produit (annuel ou périodique), que pour les arbres dits de rendement. Pour ces arbres, — agrestes ou d'agrément, — l'émondage fournit à l'usufruitier un véritable produit qui est perçu, à Avignon, d'après l'usage suivant :

Les saules, les vergnes et les peupliers sont émondés tous les trois ans, les ormes tous les quatre ans. On élague toutes les branches en laissant le jet principal pour continuer la tige de l'arbre. Cette opération se fait du mois d'octobre au mois de février ; elle a lieu au mois d'octobre, ou mieux fin septembre, quand on veut profiter des feuilles pour servir de pâture aux bestiaux, durant l'hiver.

On émonde généralement les platanes tous les trois ans ; mais plusieurs propriétaires dérogent, pour leurs besoins particuliers, à cet usage, en n'élaguant que tous les quatre ans.

Quant aux osiers et aux roseaux ou cannes, qui servent à fabriquer des paniers et des claies, on les coupe annuellement, de même que tous les bois piquants et rampants, en ayant soin toutefois de ne pas les arracher. Cependant, relativement aux oseraies, nous devons faire remarquer qu'elles sont coupées tous les ans, aux mois de novembre, décembre et janvier, pour fabriquer les paniers bruns et les liens des cercles ; au mois de mars, c'est-à-dire à la sève montante, pour fabriquer les paniers blancs.

Pour cette coupe de mars, une permission expresse du bailleur est nécessaire, car cette coupe renouvelée plusieurs fois de suite peut entraîner la destruction de la vergantière.

La vigne se taille chaque année, depuis octobre jusqu'à fin mars.

Quant aux oliviers et aux mûriers, l'usage est de les émonder tous les deux ans. L'époque la plus convenable, pour les mûriers, est celle qui suit la cueillette des feuilles, sans qu'on puisse, en aucune manière, dépasser la Saint-Jean (24 juin).

CHAPITRE V

Des charges réputées charges des fruits
(Art. 608 du Code civil)

L'article 608 du Code civil est ainsi conçu :

« L'usufruitier est tenu, pendant sa jouissance,

« de toutes les charges annuelles de l'héritage,
« telles que les contributions et autres qui,
« dans l'usage, sont censées charges de fruits. »

Pour les biens ruraux, on considère chez nous comme charges des fruits : le curage des fossés et des égouts, — la taille et l'élagage des arbres fruitiers et autres, — l'entretien de l'aire des granges, des murs de soutènement et de clôture, — l'échenillage, — le remplacement des arbres morts, les taxes ou redevances pour les arrosages et les syndicats, — l'entretien des biefs, des chemins d'exploitation, des prises d'eau, des norias, des ponts et berges des canaux d'arrosage, — les impositions pour l'entretien annuel des digues et chaussées, sans que l'usufruitier soit soumis aux grosses réparations ou aux reconstructions, pour lesquelles il est fait un rôle extraordinaire.

Pour les maisons, toutes les réparations locatives sont au nombre des charges des fruits, ainsi que le logement des troupes de passage, quand les casernes ne suffisent pas.

CHAPITRE VI

Des coutumes et règlements particuliers sur le cours et l'usage des eaux, et sur le curage des canaux et cours d'eau non navigables. (Art. 645 du Code civil; art. 1er de la loi du 14 floréal an XI).

Cette question est, sans contredit, la plus importante et la plus vaste de toutes celles qui font l'objet de notre travail.

Sous le rapport des eaux, le territoire d'Avignon est un des plus favorisés, et, malgré leurs inconvénients passagers, il faut reconnaître qu'elles procurent des avantages considérables à un pays desséché, comme le nôtre, par les ardeurs du soleil et par un vent désolant.

Il est peu de communes dans le Midi de la France où il existe des anciens règlements sur les eaux privées. Chez nous ces règlements émanaient des vice-légats ; aussi parmi leurs ordonnances (1), en trouve-t-on un grand nom-

______

(1) En consultant le *Recueil de Massilian*, conservé au Musée Calvet, on y trouve, relativement au canal de la Durançole, les règlements suivants : du vice-légat Bardy, en date du 7 juin 1625 ; — du vice-légat Sanvitali, en date des 28 juin 1701 et 1704 ; — du vice-légat Doria, en date du 5 août 1707 ; — du vice-légat Salviati, en date du 18 janvier 1714 ; — du vice-légat d'Elci, en date du 31 mars 1728 ; — du vice-légat Bondelmonti, en date du 5 juin 1732 ; — du vice-légat d'Acquaviva, en date du 5 avril 1745 ; — du vice-légat Passionei, en date du 5 août 1755 ; — du pro-vice-légat Durini, en date du 12 juillet 1775.

Relativement au canal Crillon, on trouve : deux règlements du

bre ayant pour but d'empêcher les usurpations continuelles, le mauvais usage et la perte des eaux du canal de la Durançole et du canal Crillon au préjudice des arrosants.

Le principe du règlement est dans la nature même des choses ; c'est pourquoi l'article 645 le consacre et comprend sous ce mot même les anciens usages non écrits. Du reste, tous les auteurs conviennent que dans cette matière, l'ancien usage a une grande force : *Plurimum posse in hac materiâ vetustas et consuetudo* (1).

En outre, l'article 645 du Code civil disposant que dans les contestations relatives à l'usage des eaux, les tribunaux devront observer les règlements particuliers et locaux, vise non-seulement les ordonnances et actes émanés de l'autorité publique, mais encore les conventions privées et les simples usages établis par le consentement commun des parties intéressées. (*Cour de cassation*, 16 mai 1876).

---

vice-légat Philomarino, en date du 10 avril 1782 et du 29 avril 1785, de plus une délibération du conseil de la ville d'Avignon du 7 août 1769, un arrêt du conseil du roi en date du 1er octobre 1769, et les lettres patentes d'autorisation, en date du 23 octobre 1774. Tous ces divers règlements anciens sont aujourd'hui tombés en désuétude et abrogés par les nouveaux, qui ont reproduit plusieurs de leurs dispositions.

(1) *Gobius*, quest. 12. — *Pecchius*, 1, cap. v, quest. 1, n° 7, — *San Léger*, cap. 48, n° 8, 9. — *Julien, Statuts de Provence*, tome 2, p. 550. — *Dubreuil, Législation sur les eaux*, tome 1, n° 106. — *Demolombe, Des Servitudes*, tome 1, n° 194.

L'usage de l'eau est réglé ou à raison du volume que chaque riverain peut en introduire dans son fonds ou par l'espace de temps pendant lequel il pourra en user. Dans ce dernier cas, si la priorité ne résulte pas du titre ou des ouvrages apparents, elle appartient au supérieur, comme la conséquence naturelle de sa position, c'est-à-dire que chaque riverain arrose successivement, en commençant par la prise, et ainsi de suite jusqu'au dernier, en suivant le cours de l'eau

Parmi tous les moyens d'irrigation dont notre territoire est pourvu, on compte principalement les canaux dérivés de la Durance, qui sont au nombre de trois : canal de l'Hôpital, canal Crillon, canal Puy. Nous allons d'abord nous en occuper et nous passerons ensuite au canal de Vaucluse, pour finir par le canal des Sorguettes et autres cours d'eau secondaires.

Section I. — Canal de l'Hôpital

En 1227, Avignon fut la première ville qui entreprit de dériver un canal de la Durance. Ce canal, nommé d'abord canal de la Durançole, fut établi en vertu d'une concession faite en 1229 par les consuls de la ville, au profit de deux particuliers, pour faire mouvoir leurs moulins ;

il fut cédé plus tard aux hospices d'Avignon et est aujourd'hui plus particulièrement connu sous le nom de canal de l'Hôpital.

Vers le XV⁰ siecle, les eaux du canal furent employées à l'arrosage de quelques prés et jardins ; peu à peu cet arrosage se développa et s'étendit sur une portion considérable du territoire d'Avignon. Les eaux furent d'abord concédées, moyennant une redevance déterminée, suivant la nature du terrain arrosé. Deux syndicats se formèrent alors : l'un pour la partie haute du canal (de Bonpas à Bel-Air) ; l'autre pour la partie basse (de Bel-Air à Avignon). Le premier prit le nom de syndicat des *Bastidans*, le second de syndicat des *Pradiers*.

Le canal de l'Hôpital fut et est encore régi par une transaction à la date du 25 mai 1776, aux écritures des notaires Cairanne et Gollier, passée entre MM. les recteurs de l'Hôpital et les syndics réunis des corps des pradiers et bastidans du territoire d'Avignon. Une ordonnance du vice-légat Giovio, en date du 27 septembre 1776, avait approuvé et autorisé cette transaction, qui a encore aujourd'hui force de loi.

Dans l'acte du 25 mai 1776, il est stipulé que les eaux ne pourront servir qu'à l'arrosage des fonds ; qu'on ne pourra, sous aucun prétexte, les employer à des arrosages d'agrément.

En outre, le lit du canal aura comme dimension deux cannes d'ouverture et une canne de chaque côté pour ses francs-bords.

Le canal et les bords demeureront fixés à perpétuité dans cette largeur, qui ne pourra être restreinte sous quel prétexte que ce soit.

La transaction du 12 juillet 1832 veut que le canal soit entretenu à perpétuité dans les mêmes largeur et profondeur fixées par l'acte du 25 mai 1776 dans toute son étendue.

La transaction de 1776 impose aux Hospices d'Avignon l'obligation de tenir dans le canal de la Durançole le volume d'eau nécessaire : 1° pour l'arrosement des propriétés riveraines ; 2° pour le jeu des moulins de *la Folie* et de *la Patience*, et 3° pour l'assainissement des Sorguettes dans l'intérieur de la ville.

Les syndics des pradiers et des bastidans avaient pour mission de surveiller, concurremment avec les recteurs de l'Hôpital, le régime des eaux, l'entretien et le repurgement du canal, dont les frais étaient supportés moitié par l'Hôpital, moitié par les syndicats et répartis entre les arrosants.

Dans la suite, des difficultés s'étant élevées, au sujet du mode d'exécution des travaux de repurgement, intervint la transaction du 12 juillet 1832, aux écritures de M⁰ Richard, notaire, entre les syndics des bastidans et pradiers.

Il fut stipulé dans cette transaction que, moyennant dix centimes par éminée, ajoutés à la redevance d'arrosage, les frais d'entretien et de repurgement seraient dorénavant à la charge exclusive des Hospices, depuis la nouvelle prise (1) jusqu'au rempart Saint-Lazare.

Cette transaction n'infirma en rien les conventions anciennes, quant à la partie haute du canal, dont les frais de repurgement sont supportés moitié par l'Hôpital et moitié par les arrosants, qui, sur cette portion du canal, jouissent gratuitement de l'arrosage (2). Chaque propriétaire est tenu au curage et à l'entretien des filioles servant à distribuer les eaux dans les parcelles arrosables.

Le repurgement annuel a lieu ordinairement aux environs de Pâques. Le dimanche de la Passion, quinze jours avant le repurgement, les

---

(1) La prise du canal était jadis en amont du pont de Bonpas dans la commune de Caumont. Le canal qui faisait suite à cette prise reçoit les eaux de colature des plaines de Cavaillon, de l'Isle et du Thor ; l'ancienne prise n'existe plus. Une nouvelle a été établie au XVIIIᵉ siècle, à trois kilomètres environ en aval du pont de Bonpas et le canal qui fait suite à cette nouvelle prise porte le nom de canal de l'Hôpital ; la partie supérieure de l'ancien canal porte seule le nom de Durançole.

(2) Les terrains qui s'arrosent gratuitement sont ceux qui appartenaient jadis aux Chartreux de Bonpas, lesquels avaient contribué à la construction du canal.

eaux sont retirées du canal, et le même jour, le géomètre des hospices visite le canal dans tout son parcours, afin de constater les réparations et les travaux à exécuter.

Les eaux sont levées le Samedi-Saint au soir et elles ne sont remises que huit jours après. Les espaciers et les martellières en mauvais état sont réparés pendant la huitaine de la levée des eaux, par les intéressés, ou, aux frais de ces derniers, par l'administration hospitalière.

Afin de prévenir toute déperdition d'eau, la Commission administrative publie, avant la saison des arrosages, un avis invitant les arrosants : 1° à ne tenir les espaciers ouverts que le temps strictement nécessaire à l'arrosement de leurs fonds ; 2° à assurer le bon aménagement des espaciers et des martellières ; 3° à entretenir nets et purgés les fossés dérivateurs. Défense est faite de prendre, sans l'autorisation de l'administration hospitalière, la terre ou le limon provenant du repurgement.

La transaction de 1832 est le dernier acte qui révèle l'existence des syndicats primitivement organisés. Depuis lors, les hospices régissent leur canal, sans autre contrôle que celui de l'autorité supérieure. Il n'y a pas de règle pour les tours d'arrosage au canal de l'Hôpital ; il n'y a ni jour fixe, ni heure fixe Les particuliers arrosent à volonté. Chaque année, un état des arrosages pratiqués est dressé par la Commission hospitalière. Rendu exécutoire par le Préfet de Vaucluse, cet état est ensuite transmis au Receveur des hospices chargé du recouvrement.

En vertu de l'ordonnance du vice-légat qui a homologué la transaction de 1776, les redevances annuelles d'arrosage en retard sont recouvrées comme deniers du prince et perçues *more fiscalium debitorum*.

Section II. — Canal Crillon

En 1751, la ville d'Avignon reconnaissant les bienfaits de l'irrigation et l'insuffisance de la Durançole pour son territoire, dont elle voulait améliorer la partie caillouteuse nommée *la Garrigue*, projeta de dériver un nouveau canal de la Durance, mais l'état des finances de la ville ne lui permit pas d'exécuter ce projet.

L'un des petits-neveux du *brave Crillon*, poussé par l'affection qu'il avait pour sa ville natale, réalisa ce projet (1) et fit, vers la fin du

---

(1) La concession fut accordée à la ville d'Avignon par un chirographe du pape Benoît XIV, en date du 23 septembre 1754, mais la ville n'ayant pas les fonds nécessaires pour mener à bonne fin l'entreprise, le duc de Crillon offrit de se substituer à la ville d'Avignon, ce qui lui fut accordé par les délibérations du Conseil de ville des 7 août 1769 et 14 décembre 1774, et par un nouveau chirographe de Pie VI, en date du 13 février 1781.

siècle dernier (1785), exécuter à ses frais, le canal qui porte son nom, et qui a transformé en fonds très-productifs les garrigues de Montfavet, du Pontet et de Morières.

Le canal Crillon appartient, depuis 1836, à une compagnie anonyme chargée de livrer aux arrosants toute l'eau nécessaire. Mais un syndicat organisé par les arrosants, a pour mission, de veiller à ce que la compagnie exécute ses obligations.

Le prix de l'arrosage est de 23 fr. 44 cent. par hectare, quel que soit le genre de culture si on arrose réellement.

Un sixième environ des arrosants jouit des eaux gratuitement à perpétuité. Un autre sixième ne paye que 17 fr. 58 cent. par hectare, mais les propriétaires de cette deuxième catégorie payent la taxe d'arrosage, qu'ils arrosent ou non. Cette faveur fut accordée par le duc de Crillon aux propriétaires qui engagèrent leurs fonds avant la construction du canal.

Les règlements particuliers et locaux en vigueur pour le canal Crillon sont :

1° Un règlement du vice-légat Jacques Philomarino, en date du 29 avril 1785, concernant la police du canal ;

2° Une ordonnance royale de Charles X, en

date du 5 avril 1827, portant règlement d'irrigation ;

3º Un décret impérial, en date du 9 juin 1860,
réglant l'emploi et la distribution des eaux du
canal, son entretien et son alimentation, et
l'association des propriétaires intéressés.

Il importe de remarquer ici que les dispositions
des règlements antérieurs sont maintenues en
tant qu'elles ne sont pas contraires à ce décret.

Le propriétaire qui a l'intention d'arroser ses
terres avec les eaux du canal Crillon doit faire
chaque année, avant la fin de février, au bureau
de la compagnie à Avignon, une déclaration
indiquant le genre de culture et la contenance
des terres qu'il veut soumettre à l'arrosage dans
l'année, conformément à l'article 1ᵉʳ du décret
impérial du 9 juin 1860. Il fait connaître dans
cette déclaration quelle est la filiole et quel est
l'espacier dont il entend se servir.

Cette déclaration n'est pas nécessaire pour les
terres qui jouissent déjà, en vertu de titres
particuliers, de la faculté d'être arrosées gratuitement ou à prix réduit.

Il importe de retenir que certains propriétaires
tiennent d'actes antérieurs au décret du 9 juin
1860, le droit de dériver du canal Crillon les
eaux nécessaires à l'arrosage de leurs terres,

sans limitation de quantité et par préférence
aux autres arrosants et ne font pas partie de
l'association syndicale, car ils n'y ont pas intérêt et ne peuvent d'ailleurs y être contraints (1).

Dès que les déclarations d'arrosage ont été
recueillies, la compagnie du canal Crillon dresse
un tableau qui fixe l'ordre suivant lequel l'eau
sera distribuée aux arrosants.

Aux termes du règlement, nul ne peut arroser
une contenance plus grande que celle qu'il a
déclarée. La durée de l'arrosage d'un hectare
de terrain ne peut excéder quatre heures.

Le maximum de la quantité d'eau qui peut
être prise pour l'arrosage est fixé au volume
correspondant à un débit continu d'un litre par
seconde et par hectare.

L'arrosage ordinaire a lieu une fois tous les
sept jours, c'est-à-dire de manière à comprendre
tous les terrains à arroser dans une période de
sept jours consécutifs, de telle sorte que dans
cette période l'eau est donnée une fois pour les
irrigations ordinaires et deux fois pour les
jardins et pour les terres cultivées en légumes.

Le Préfet de Vaucluse fixe chaque année par
un arrêté les époques où commence et où finit
la saison de l'arrosage.

____

(1) Voir en ce sens un *arrêt du Conseil d'État du 13 juin 1867*.

Les eaux ne peuvent être prises qu'au moyen de martellières latérales, qui sont munies de cadenas ou bien d'une serrure. L'établissement et l'entretien de ces martellières, de leur système de fermeture et des échelles graduées qui y sont accolées sont à la charge des arrosants.

Les arrosants ne peuvent eux-mêmes ni ouvrir, ni fermer la serrure de leur martellière, ni en enlever la vanne. Ce soin est confié à des gardes-arroseurs, assermentés, entre les mains desquels les clefs sont déposées et qui sont chargés de la distribution de l'eau pour chaque arrosage.

Tout propriétaire qui renonce volontairement à profiter de l'ouverture de la vanne destinée à desservir sa propriété perd son tour d'arrosage et ne peut le reprendre qu'après que les propriétaires des terres inférieures aux siennes ont profité du leur ou l'ont perdu comme lui.

Les propriétaires qui veulent ne pas arroser ou n'arroser qu'en partie doivent, au moment où leur tour arrive, prévenir le garde qui tient alors la vanne fermée ou bien l'ouvre seulement sur une hauteur ou pendant une durée moindre que celle fixée par le tableau de service.

Les propriétaires arrosants, les usiniers et les autres usagers des eaux du canal Crillon, réunis en syndicat, subviennent, chacun dans la proportion de leur intérêt, aux charges annuelles et communes.

Le syndicat a pour mission de veiller à l'observation des règlements concernant l'usage des eaux, l'entretien et la conservation du canal, de faire la répartition des dépenses d'association entre les divers intéressés, etc...

Toutes les dépenses auxquelles donne lieu la gestion des intérêts de l'association sont couvertes au moyen de taxes annuelles imposées à tous les usagers. Le montant total, pour chaque année, est partagé entre les usiniers et les arrosants, dans le rapport de un à neuf.

Tous les travaux de curage et d'entretien de la branche-mère sont exécutés par la compagnie ; chaque arrosant cure et entretient son fossé d'irrigation.

Section III. — Canal Puy ou de Cambis

Le canal Puy fut créé, au commencement de ce siècle, par un de nos maires les plus estimés, qui lui a donné son nom. Ce canal destiné à féconder la partie de notre territoire situé au midi de la ville n'a pas encore reçu tout le développement qu'il comporte. A plusieurs reprises on s'est occupé d'étendre les arrosages conformément aux intentions de son créateur et au but du décret de concession du 4 juin 1806. Il existe aujourd'hui plusieurs filioles de distribution et on prépare une réglementation pour les arrosants, qui ne forment point une association légalement constituée.

La coutume est la seule règle suivie : il n'y a pour l'arrosage, ni jour fixe, ni heure fixe ; chacun des arrosants prend l'eau quand il lui plaît, en prenant garde toutefois de ne pas enlever les eaux à son voisin, si celui-ci avait déjà commencé d'arroser ; chacun d'eux enfin cure et entretient les fossés d'arrosage en face de sa propriété. Les curages périodiques et l'entretien de la branche-mère sont supportés par le propriétaire du canal et sont couverts par les cotisations annuelles de tous les co-usagers.

Le propriétaire du canal a, le 15 juin 1884, réglé l'usage des eaux en divisant le canal en deux sections : la première comprend toutes les filioles au-dessus du moulin qui arrosent les lundi, mardi et mercredi ; la deuxième section, qui part du moulin, arrose les jeudi, vendredi, samedi et dimanche. Pour chaque filiole il est interdit aux arrosants d'arrêter toute l'eau, afin que les derniers comme les premiers puissent arroser. Les gardes du canal seuls ont le droit de mettre l'eau dans les filioles.

Section IV. — Canal de Vaucluse

La Fontaine de Vaucluse prend sa source dans le vallon qui lui a donné son nom : elle traverse les communes de Vaucluse et de Saumanes et vient se diviser en deux branches à son entrée dans la commune de l'Isle ; c'est à partir de ce point, au quartier des Espélugues, que les diverses branches qu'elle forme successivement prennent le nom de Sorgues. Afin de rester dans les limites du cadre de notre travail, nous passons sous silence la branche de l'Isle et la branche de Velleron pour nous occuper du canal de Vaucluse, la plus importante des dérivations de la Fontaine de Vaucluse. Ce canal prend naissance à la prise du Prévot, qui est un barrage en maçonnerie établi sur la Sorgues, (branche de l'Isle), à l'extrémité de la commune du Thor.

Le canal de Vaucluse arrose d'abord les communes de Gadagne, Jonquerettes, Saint-Saturnin et Vedènes, jusqu'au château d'Aiguilles, où il se divise en deux branches, l'une qui se dirige sur Sorgues, l'autre sur Avignon.

Cette dernière branche traverse la ville en longeant au midi les rues des Teinturiers, des Lices, de la Calade, et va se jeter dans le Rhône près de la porte St-Dominique.

L'eau du canal de Vaucluse est aujourd'hui la propriété de l'Etat, après avoir appartenu au Chapitre métropolitain d'Avignon, qui par suite de la charte de donation de 1101, avait seul le droit d'accorder des concessions pour l'établissement des roues hydrauliques, et par suite pour les vannes d'arrosage.

Nous devons également mentionner ici un document qui a bien son importance après celui de 1101 ; il s'agit d'une transaction, de nos jours encore en vigueur, intervenue en juillet 1204 entre les usagers, qui accorde une concession d'eau au Chapitre métropolitain.

Le canal de Vaucluse est régi et administré, sous la surveillance du Préfet, par un syndicat composé de neuf membres, pris parmi les propriétaires intéressés à sa conservation, soit comme usiniers, soit comme arrosants.

Les règlements concernant le canal de Vaucluse sont :

1° Un arrêté du 5 frimaire an VII, qui règle l'établissement de divers déversoirs, la distribution des eaux, tant pour l'usage des usines qu'elles font mouvoir que pour l'irrigation des terres circonvoisines ;

2° Un décret impérial du 22 octobre 1808, qui établit un syndicat chargé de l'administration du canal ;

3

3°. Une ordonnance royale du 16 mai 1842, portant réorganisation du syndicat ;

4° Un décret impérial du 23 juin 1853, qui a réglé la pente du canal et la hauteur des aubes des roues dans l'intérieur de la ville.

Il est défendu aux propriétaires des roues d'établir dans le canal aucun ouvrage qui soit de nature à gêner le cours de l'eau et en exhausser le niveau. Il leur est pareillement interdit de faire dans leurs établissements aucun changement qui aurait pour effet d'accroître le travail des roues et d'opposer au mouvement de l'eau une plus grande résistance.

Le syndicat (1) délibère sur tout ce qui a rapport à l'amélioration et à l'entretien du canal ; il fait dresser les devis des travaux et réparations jugées nécessaires. Les gardes chargés de la surveillance de chaque branche sont nommés par le Préfet. Le syndicat délibère et vote les taxes nécessaires, dont les rôles rendus exécutoires par le Préfet, sont recouvrés de la manière et avec les privilèges établis pour les contributions directes.

---

(1) L'Administration du syndicat du canal de Vaucluse, organisée par un arrêté préfectoral du 8 juin 1807, par le décret du 22 octobre 1808 et l'ordonnance royale du 16 mai 1842, et comprenant les trois branches de Vedènes, d'Avignon et de Sorgues, embrasse également, sous le nom de branche du Thor, en vertu d'une ordonnance royale du 22 décembre 1842, le cours de la Sorgue à son passage sur le territoire de la commune du Thor, depuis la prise dite du Prévot jusqu'à la limite de ce territoire et de la commune de l'Isle.

Chaque année, au printemps, le canal est mis en chômage pendant une huitaine de jours, afin de permettre l'exécution des travaux d'entretien. Les intéressés dont les usines, espassiers ou martellières ont besoin de réparations, doivent profiter du temps du chômage pour les faire exécuter ; ils doivent faire enlever les arbres, broussailles et autres objets qui peuvent gêner le libre cours des eaux tant dans le canal principal que dans les dérivations ; à leur défaut, il est procédé d'office à l'enlèvement de tous ces objets par les agents du syndicat.

Le syndicat entretient et cure le canal sur tous les points où cela est utile à l'intérêt général : les riverains doivent néanmoins souffrir le curage, le passage des ouvriers et le dépôt des déblais.

Les propriétaires ou locataires des maisons sur le lit du canal, dans l'intérieur de la ville, sont tenus, sur la réquisition des agents du syndicat, d'ouvrir les trappes par lesquelles les déblais de repurgement sont retirés.

Chaque concessionnaire cure son bief ou son fossé d'irrigation, entretient et répare ses berges, à moins que les berges ne se trouvent situées dans le remous produit par le barrage d'une usine : dans ce cas, l'usinier contribue pour sa quote-part à l'entretien des berges.

La propriété des riverains, qui comprend le fond et les berges du canal, est grevée d'une servitude d'aqueduc pour le passage de l'eau (1).

Les espassiers doivent être établis à la hauteur de 65 centimètres au-dessus du fond moyen du canal.

Dans le but d'empêcher l'abus des eaux, tout concessionnaire d'espassiers, servant à dériver les eaux pour l'irrigation, ne peut avoir une ouverture qui dépasse la forme déterminée par les anciens règlements, et qui est de 25 centimètres en tous sens. Nul ne peut pratiquer des tranchées sur les bords du canal pour arroser son terrain.

En outre, il est défendu à tous concessionnaires d'espassiers de mettre les eaux, après s'en

______

(1) Cela résulte des documents suivants : folio 2 du registre sur velin, côté C : *Liber Sorgiæ et variorum*, déposé aux archives de la préfecture de Vaucluse, *série G*, fonds de l'ancien Chapitre métropolitain d'Avignon ; — Extrait *parte in quâ* de l'acte de vidimation du 16 juillet 1379, inséré en sa forme authentique et avec le sceau en plomb de l'évêque d'Avignon, au folio 68 du Cartulaire intitulé : *Fundationes, Testamenta, Sorgia et Molendina*, déposé aux archives de la préfecture de Vaucluse, *série G*, fonds de l'ancien Chapitre métropolitain d'Avignon ; — Décret des 2-4 novembre 1789, qui met les biens ecclésiastiques à la disposition de la nation ; — Décret relatif à la vente et à l'administration des biens nationaux, des 23-28 octobre et 5 novembre 1790, art. 1er, titre 1er, nos 3 et 4.

Il résulte de tous les documents ci-dessus que la propriété de l'eau est séparée de la propriété des berges et du fond du canal ; c'est donc avec raison que l'on a toujours considéré la propriété des berges et du fond comme appartenant aux riverains et celle de l'eau comme dépendant du domaine de l'Etat.

être servis, à la disposition de leurs voisins qui n'auraient pas obtenu un titre de concession ; ceux d'entre eux qui laissent les vannes ouvertes après l'irrigation de leurs terrains, peuvent être poursuivis devant les tribunaux, car ils doivent tenir leurs vannes fermées au moyen d'un cadenas.

Les propriétaires autorisés à dériver les eaux du canal de Vaucluse (branche d'Avignon), pour l'irrigation de leurs propriétés, peuvent se servir des eaux deux fois par semaine, savoir : depuis le samedi, six heures du soir, jusqu'au lundi suivant, six heures du matin, et depuis le mercredi, six heures du matin, jusqu'au jeudi suivant, six heures du soir.

Les propriétaires d'usines ne doivent mettre directement ou indirectement aucun obstacle à cette jouissance des eaux. Dans le cas où, pendant la saison des arrosages, un usinier est obligé de faire des réparations à son usine, les eaux ne peuvent être détournées du canal, que hors le temps accordé pour l'arrosage, et dans le cas où les réparations seraient faites dans l'intérêt d'un ou de plusieurs arrosants, les eaux ne doivent être détournées que hors le temps durant lequel elles sont réservées pour l'usage des usines (*Arrêté préfectoral du 1er septembre 1812*).

Section V. — Canal des Sorguettes

On appelle *Sorguettes* un canal (surtout d'assainissement), qui de l'ancien Moulin des Morts (1) aboutit au Portail-Matheron et se divise à ce point en deux branches (2). Les Sorguettes sont alimentées par les eaux du clos St-Jean, de la Durançole et du canal de Vaucluse (3), par un fossé pris au bassin de la Pyramide et longeant le rempart Limbert à l'extérieur de la ville jusqu'à la vanne du Moulin des Morts.

Une ordonnance royale du 3 mars 1834, porte règlement du canal des Sorguettes. Elle fut rendue à la suite des plaintes de plusieurs riverains de ce cours d'eau au sujet de la répartition de la dépense occasionnée par le curage.

Cette ordonnance confie l'administration du canal des Sorguettes et de ses deux branches, depuis son entrée dans la ville d'Avignon jus-

---

(1) On nomme ainsi la vanne située contre le rempart presque en face du chemin vicinal n. 1 et de l'allée du cimetière.

(2) Ces deux branches se jettent dans le Rhône, l'une, près des nouvelles prisons, et l'autre, en suivant les rues Philonarde, des Lices, Calade, Mazan : cette dernière branche arrivée au rempart, se détourne à l'intérieur et va se jeter dans le canal de Vaucluse près de la porte St-Dominique. Les eaux réunies à ce point, sont, en cas d'inondation, déviées dans un acqueduc construit sous la rue Velouterie et amenées dans la roubine de Champfleury.

(3) Autrefois, avant l'abaissement du plafond du canal de Vaucluse dans l'intérieur de la ville, l'eau de ce canal s'introduisait dans les Sorguettes par le trou Chapota, situé à l'angle des rues des Teinturiers et des Lices.

qu'au Rhône, à un syndicat composé de neuf membres et nommé *Syndicat des Sorguettes*.

Les attributions de ce syndicat sont d'arrêter :

1° Les améliorations à exécuter, soit pour l'élargissement du canal et de ses deux branches sur les points qui se trouvent trop rétrécis par des empiétements constants et reconnus, sauf les droits acquis, soit pour la fixation du niveau de pente, soit pour l'introduction de tout le volume d'eau qui est dévolu à ce canal ;

2° L'époque du curage qui doit avoir lieu tous les cinq ans, du 15 septembre au 1er avril, à moins que les syndics ne jugent indispensable de le faire faire plus tôt, et qui dans tous les cas ne peut avoir lieu qu'en laissant un intervalle de trois ans entre un curage et l'autre ;

3° Les devis estimatifs des dépenses et le cahier des charges relatif à l'adjudication des travaux de repurgement et autres ;

4° Les rôles de répartition de la dépense entre tous les intéressés.

Le syndicat est en outre chargé :

1° De fixer le niveau du curage par des repères dont la pose est constatée par un procès-verbal descriptif ;

2° De procéder, en présence du maire, à l'adjudication des travaux de curage et autres, aux enchères publiques et au rabais ;

3° De constater par un procès-verbal les ouvertures existantes destinées à servir au passage du limon provenant du curage et désigner les lieux où de nouvelles ouvertures seraient reconnues nécessaires et indispensables, sans toucher à celles existantes ni pouvoir en établir plus d'une pour chaque maison, etc.

Le curage est prohibé aux riverains : le syndicat est seul chargé de pourvoir aux travaux de repurgement. Sur la réquisition qui est faite par l'adjudicataire du curage, le riverain est tenu d'ouvrir, faire ouvrir ou indiquer les trappes, grottes ou voûtes, portes et fenêtres qui servent de passage pour enlever les envasements du canal, à peine d'y être contraint, en cas de refus, avec dépens, dommages et intérêts au profit de l'adjudicataire. Les dépenses de repurgement et autres sont divisées en trois parties égales, dont une est acquittée par la ville, la seconde par les riverains et la troisième par les usiniers.

Les riverains sont classés en deux catégories : d'abord, ceux qui ont voûtes et ponts établis sur le lit du canal, ensuite ceux dont les Sorguettes bordent ou traversent à découvert les possessions. Les premiers paient une cotisation double de celle des seconds, laquelle est calculée d'après l'étendue des voûtes qu'ils possèdent.

Les cotisations comprises au rôle de répartition sont recouvrées par le percepteur en la forme établie pour les impositions ordinaires, après que le préfet a rendu les rôles exécutoires.

Section VI. — Syndicat de Camp-Rambaud, etc.

Notre revue des arrosages du territoire d'Avignon sera close par le syndicat de Camp-Rambaud, Saint-Véran, Jardin-Neuf et Bonne-Aventure.

Ces divers quartiers de la commune d'Avignon s'arrosent au moyen des eaux perdues, par un canal de distribution du canal Crillon (nommé filiole Saint-Martin), mélangées aux eaux de colature des quartiers supérieurs.

L'association fut constituée, sous le premier Empire, par M. Puy, maire d'Avignon ; elle a été régularisée par une ordonnance royale du 19 janvier 1841, qui a créé un syndicat chargé d'assurer le service des irrigations communes entre les clos de Camp-Rambaud, Saint-Véran, Jardin-Neuf et Bonne-Aventure.

Ce syndicat est peu important, mais il est très bien administré. Les syndics sont nommés par les propriétaires arrosants ; ils sont au nombre de cinq, savoir, un dans chaque clos, et le cin-

quième pris dans les quatre clos indistinctement.
Leurs fonctions durent cinq ans, mais ils sont
indéfiniment rééligibles.

Ce syndicat est spécialement chargé : 1º de
veiller à la défense des intérêts généraux de
l'association et de la représenter activement et
passivement devant les autorités compétentes ;
2º de nommer un arroseur public et de fixer ses
honoraires ; 3º de surveiller l'irrigation des clos,
ainsi que l'entretien de leurs fossés, ponts,
aqueducs et martellières, d'adopter et de faire
exécuter tous les travaux qu'il jugera nécessaires
à cet entretien ; 4º de déterminer le montant
des taxes nécessaires pour subvenir aux dépenses, de dresser le tableau de répartition entre
les divers intéressés et de vérifier les comptes
de l'association.

Les fossés principaux doivent avoir, sur toute
leur étendue, une largeur et une profondeur
suffisantes pour contenir le volume d'eau nécessaire pour l'irrigation. Le garde-arroseur est
tenu de leur procurer ces dimensions, soit en les
repurgeant annuellement, ce qui doit avoir lieu
avant le premier mars, soit en les tenant nets
d'herbes depuis cette époque jusqu'au 15 septembre.

On ne peut établir sur les fossés que des

ponts élevés au-dessus du niveau des eaux, ainsi que des martellières en pierre ayant une ouverture de 75 centimètres au moins.

Les arrosages ont lieu successivement, soit pour les clos, soit pour les propriétés qui en font partie; ainsi, on commence par arroser le clos de Camp-Rambaud, ensuite celui de Saint-Véran, puis le Jardin-Neuf, enfin celui de la Bonne-Aventure; et le même ordre est constamment suivi. Si pour cause d'enlèvement de récolte, ou tout autre motif, des arrosants s'opposent au tour d'arrosage de leurs propriétés, ils sont obligés d'attendre la reprise suivante.

Les arrosages se font sous la surveillance du garde-arroseur, nommé par le préfet et assermenté, lequel est aussi chargé de la direction et de la distribution des eaux, de l'entretien et du curage tant du fossé principal que des fossés secondaires ayant un intérêt commun; il se trouve rétribué de son travail au moyen des taxes d'arrosages qu'il perçoit, et d'un supplément qui lui est payé par le syndicat.

Les grosses dépenses sont couvertes au moyen de cotisations portées sur le rôle que le syndicat émet, quand le besoin l'exige, et qui est rendu exécutoire par le préfet.

Notons, en finissant, qu'il est défendu

d'arrêter ou ralentir d'aucune manière le cours du volume d'eau introduit par le garde-arroseur, lorsqu'il effectue l'arrosement en aval. Chacun peut néanmoins établir un barrage sur sa propriété pour utiliser les eaux perdues, c'est-à-dire celles qui échappent d'un arrosement qui a lieu en amont.

Section VII. — Du curage des canaux et fossés d'irrigation ou d'écoulement

Afin d'obvier au préjudice que porte à l'agriculture l'envasement des canaux et des fossés, la stagnation des eaux sur les terres et les chemins, et aussi dans l'intérêt de la santé publique, un arrêté municipal du 25 mars 1858 (1), a réglé le curage des canaux et fossés d'irrigation ou d'écoulement du territoire d'Avignon. Antérieurement, une ordonnance royale du 22 janvier 1844, avait créé un syndicat chargé de l'entretien, du repurgement, de l'administration et de la surveillance de toutes les roubines, fossés d'écoulement et autres cours d'eau d'un intérêt général pour un ou plusieurs quartiers ou pour un ensemble de propriété. Mais comme ce syndicat ne pouvait s'occuper que des grandes roubines et de leurs

---

(1) Remis en vigueur par un autre arrêté municipal du 10 mars 1868.

affluents principaux, l'arrêté municipal de 1858 a eu pour but de forcer les propriétaires ou fermiers à tenir eux-mêmes repurgés les fossés d'intérêt plus restreint qui traversent ou longent les terres et vont ensuite se jeter dans les canaux dont l'entretien est à la charge du syndicat.

L'ordonnance royale du 22 janvier 1844 a créé un syndicat spécialement chargé :

1º De déterminer tous les ouvrages qui devront être faits pour maintenir en bon état les roubines, fossés d'écoulement et autres cours d'eau, dont la surveillance lui est confiée, ainsi que les travaux nécessaires pour les améliorer ; — 2º de proposer à l'approbation du préfet tous les règlements de police qu'il jugera convenable pour la conservation et l'amélioration de ces divers cours d'eau ; de provoquer la suppression des différents barrages, martellières et autres ouvrages qui gêneraient l'écoulement des eaux ; de donner son avis toutes les fois qu'il s'agira d'établir de pareils ouvrages, soit pour les irrigations, soit pour l'établissement de nouvelles usines ; de proposer tout ce qu'il croira utile aux intérêts de l'association et de donner son avis sur tout ce qui touche à ces intérêts, lorsqu'il sera consulté par l'administration ; 3º de surveiller les travaux neufs ou de réparation, etc... (1).

En conséquence, chaque année, du 1er mars au 30 avril, le curage de tous les canaux et fossés d'irrigation et d'assainissement est exécuté par les propriétaires ou les fermiers, qui ont soin de jeter les déblais dans les terres. Il est défendu de jeter les déblais sur les chemins, afin que la voie publique ne soit pas encombrée par des bourrelets qui en rétrécissent la largeur et empêchent l'écoulement des eaux pluviales.

Les propriétaires des martellières, qu'ils en jouissent seuls ou par indivis, sont obligés de tenir les vannes levées au moyen de cadenas ou autres fermetures en fer, immédiatement après l'irrigation de leurs terres, de manière que les ouvertures des dites martellières soient entièrement libres pour l'écoulement des eaux, toutes

---

(1) Le syndicat est, en outre, chargé d'aviser aux moyens d'étendre les irrigations sur la plus grande étendue possible du territoire d'Avignon. Il peut faire dresser, à cet effet, des projets de filioles, ou canaux d'embranchemnnt, pour la distribution des eaux des canaux existants et entrer en négociation avec les propriétaires de ces canaux, tant pour régler l'exécution des dites filioles que pour arbitrer les prix d'arrosage.

Huit propriétaires riverains de la roubine de Morières prétendirent, à une certaine époque, se soustraire à l'application de l'ordonnance du 22 janvier 1844, au prétexte que le repurgement de la partie supérieure de cette roubine avait été constamment fait par leurs soins, conformément aux anciens usages et sans réclamations; mais leur prétention fut repoussée par le Conseil d'Etat qui, par un arrêt du 4 juin 1852, décida que l'ordonnance, en établissant un syndicat des roubines, avait abrogé tous les anciens usages en vertu desquels s'effectuaient les curages partiels.

les fois que les terres ne sont pas arrosées ; ils sont solidairement responsables des dommages qui peuvent résulter de l'inexécution de cette mesure.

Les mêmes prescriptions sont applicables aux propriétaires de lavoirs établis sur des cours d'eau publics. Les vannes de retenue doivent être levées tous les soirs, sans exception, après la journée des laveuses ; elles ne sont fermées qu'au lever du soleil au moment où recommencent les lavages.

Nous devons mentionner ici un arrêté municipal du 14 décembre 1814, lequel défend à tout particulier de former des lavoirs sur les fossés d'irrigation ou d'écoulement qui longent les chemins ruraux et vicinaux, en y établissant des martellières. Celui qui veut établir un lavoir est obligé de le former dans sa propriété, avec l'autorisation et sous la direction de l'Inspecteur des Travaux publics ; il peut y faire dévier les eaux du fossé voisin en donnant au lavoir la profondeur et la pente nécessaires pour que, dans aucun temps, il ne puisse retenir ou arrêter les eaux, soit dans sa propriété, soit dans le fossé d'écoulement.

Le syndicat des roubines, fossés d'écoulement et autres cours d'eau du territoire d'Avignon a,

par une délibération approuvée par le préfet, le
31 janvier 1860, fait un règlement de police,
aux termes duquel, chaque année au mois de
janvier, le maire prend un arrêté pour prescrire
le repurgement par les riverains, et chacun au
droit de soi jusqu'à l'axe, des fossés secondaires
d'assainissement ou d'irrigation dont le curage
n'est pas habituellement à la charge du syndicat.

Si les propriétaires ne font pas ce repurgement, de même que s'ils le font d'une manière
incomplète, ou de façon que les produits du
curage retombent dans le fossé, le travail qu'ils
auront négligé de faire sera exécuté à leurs
frais par les soins de l'autorité municipale, sous
la surveillance du syndicat, sans préjudice
des indemnités dues pour tous les dommages
occasionnés par leur négligence.

Les concessionnaires des ponts, barrages,
martellières, espassiers et autres travaux d'art,
sont tenus de maintenir leur débouché dans un
état constant de propreté et de manière à ne
gêner en rien le libre cours de l'eau. De plus, il
est interdit aux riverains de pratiquer, sans
autorisation, dans les berges des coupures ou
autres moyens de dérivation ou prises d'eau
quelconques.

Les propriétaires riverains sont tenus de

livrer passage sur leurs terrains, depuis le lever jusqu'au coucher du soleil, aux membres du syndicat, aux garde-rivières, aux fonctionnaires et agents dans l'exercice de leurs fonctions, ainsi qu'aux entrepreneurs et ouvriers chargés du curage. Ils doivent laisser déposer sans indemnité, sur les bords des fossés, les déblais provenant des curages effectués au droit de leurs fonds et dans la partie qui leur est attenante, à partir de l'axe desdits fossés.

Il nous reste, en finissant cette question des eaux, à mentionner un arrêté municipal, du 4 février 1864, relatif à l'assainissement de la section du Pontet. Cet arrêté a réglementé les colmatages pratiqués dans cette section de notre territoire afin de prévenir le retour de l'épidémie des fièvres intermittentes.

CHAPITRE VII

Du mode de bornage (Art. 646 du Code civil)

Il n'y a pas de marques légales : le Code civil en édictant que tout propriétaire peut obliger son voisin au bornage de leurs propriétés et en n'indiquant pas la manière d'effectuer le bornage, se réfère implicitement sur ce point aux usages locaux.

On entend par bornes, en général, toute séparation naturelle ou artificielle qui marque les confins où la ligne de division entre deux héritages contigus.

Ainsi, il y a des bornes naturelles et immuables, telles qu'une rivière, un banc de rocher, un tertre, un bâtiment, un chemin public, une double rangée d'arbres et de vignes, un fossé, et autres objets dont la situation est invariable. Ce n'est qu'à défaut de pareilles limites qu'on place des bornes mobiles, ainsi appelées parce qu'elles peuvent être déplacées par le simple fait de l'homme. Chez nous, on se sert de pierres allongées, d'une certaine grosseur, dont partie est enfoncée dans le sol et partie fait saillie au dehors, et disposées de telle façon que chaque pierre à son aspect s'adresse à l'autre dans le sens de la ligne droite, sur la limite des propriétés contiguës. Ordinairement, on accompagne chaque borne de deux fragments de brique ou de pierre auxquels on donne le nom de *témoins* ; ils sont brisés de manière que, rapprochés l'un de l'autre, ils se raccordent facilement et servent à faire reconnaître la borne.

Quelquefois aussi, on met au-dessous et autour de la borne du charbon pilé ou des fragments de verre, de métal ou de briques, dont l'incorruptibilité fait reconnaître le caractère de la borne.

.. Lorsqu'il n'est pas possible de planter des bornes, l'usage est de placer des repères ou des signes de bornage, tels que des croix visuelles faites sur les murailles, les rochers et les ponts des fossés.

De plus, dans la partie caillouteuse de notre territoire, on trouve des amas de pierres désignés sous le nom de *clapiers*, qui sont mitoyens et servent de bornes.

. Nous devons faire observer ici que la rubrique LII des *Statuts de la cité d'Avignon* (1698), prescrivait aux consuls et à leur assesseur de faire, tous les cinq ans, avec l'assistance d'experts, la visite du territoire, pour s'assurer du bornage des propriétés, ainsi que de leurs tenants et aboutissants, tenir le livre cadastral au courant des mutations de la propriété et réprimer les usurpations commises sur les chemins publics.

Ajoutons qu'en matière de bornage, la prudence conseille de faire dresser par un juge de paix ou un notaire un procès-verbal des opérations, afin d'éviter des contestations si les bornes venaient à disparaître par le fait du hasard ou de la malveillance.

Le bornage est une opération essentiellement contradictoire et qui n'est opposable qu'à celui qui y a été partie. D'autre part, le voisin a le droit de demander que les limites des deux propriétés soient déterminées d'après les signes usités dans le pays, lorsque ceux qui ont été employés par le voisin, haies, barrières, etc., n'ont pas ce caractère et n'offrent pas les mêmes garanties de durée et de fixité (1).

CHAPITRE VIII

Du mode de clôture usité pour les maisons, cours et jardins dans la ville d'Avignon et ses faubourgs (Art. 663 du Code civil).

Chacun peut, en vertu de l'article 663 du Code civil, contraindre son voisin, dans les villes et les faubourgs — et non dans les campagnes, — à contribuer aux constructions et réparations de la clôture faisant séparation de leurs maisons, cours et jardins situés dans lesdites villes et faubourgs. Nous pensons que par l'agglomération des habitations et leur contiguïté, les quartiers de Monclar et de St-Ruf constituent

---

(1) Cass., 4 mars 1869, 30 déc. 1818, et Duranton, *Dr. civ.*, t. V, nº 259 ; Solon, *Servit.*, nº 61 ; Pardessus, *Id.*, nº 118 ; Millet, *Bornage*, p. 176, 180 ; Demol, *Servit.*, t. I, nº 268 ; Massé et Vergé sur Zachariæ, t. II, p. 167, § 320.

aujourd'hui, tout comme les hameaux du Pontet et de Montfavet, de véritables faubourgs de la ville d'Avignon, et que par conséquent la clôture y est forcée.

Le Code civil ne fixe la hauteur de la clôture qu'à défaut de règlements ou d'usages locaux.

Le mode de clôture usité chez nous est un mur en maçonnerie. Pour les cours et jardins, la hauteur de la clôture est, d'après l'usage, à Avignon, de trois mètres.

Lorsque les deux héritages n'ont pas le même niveau, la hauteur se mesure à partir du sol le plus élevé. Si la partie inférieure du mur ne sert qu'à soutenir l'héritage du propriétaire supérieur, celui-ci doit supporter seul tous les frais de construction et de réparation de cette partie : la clôture à frais communs ne commence qu'au dessus du mur soutenant le sol le plus haut.

Les palissades ne sont employées chez nous que pour clore momentanément des terrains touchant la voie publique.

Dans les champs de notre territoire, on emploie comme clôture les palissades en roseaux, dont la hauteur varie de 2 mètres à 2 mètres 50 cent.

Nous devons cependant faire observer que les voisins peuvent, d'un commun accord, déroger à l'obligation de se clore par un mur de trois mètres, en convenant soit que le mur sera moins élevé, soit que leur propriétés ne seront séparées que par une palissade, une haie, une grille, etc.

En outre, bien que l'un des voisins ne puisse pas abaisser le mur sans le consentement de l'autre, il peut néanmoins, à ses frais, l'élever au-dessus de la hauteur règlementaire.

CHAPITRE IX

Du droit de parcours et de vaine pâture
(Code rural, livre I, titre II)

Il nous semble nécessaire d'expliquer d'abord ce que l'on entend par *parcours* et *vaine pâture*.

La *vaine pâture* est le droit qu'ont les habitants d'une même commune, d'une section de commune, de faire paître leurs troupeaux sur les terres les uns des autres, lorsqu'il n'y a ni fruits, ni récoltes, ni semences.

Le *parcours* est le même droit, mais exercé avec réciprocité entre les habitants de deux ou plusieurs communes voisines. Le droit de parcours proprement dit n'a jamais existé chez nous d'une commune à une autre ; cela résulte d'un règlement du vice-légat Sforza, en date du 18 mars 1641. D'ailleurs, le nouveau Code rural ne maintient plus le droit de parcours.

La *vaine pâture* est ainsi appelée par opposition à la grasse ou vive pâture, qui s'exerce sur les prairies, garrigues, marais ou bruyères appartenant à une commune ou assujetties à un droit exclusif de pâturage.

Il ne faut donc pas confondre la vaine pâture qui s'exerce sur les propriétés privées avec le pâturage qui, en général, peut avoir lieu sur les biens communaux, aux conditions déterminées par l'autorité municipale (*Art.* 17 *de la loi du* 17 *juillet* 1837).

Bien que le territoire d'Avignon ne soit pas un pays de troupeaux, le droit de vaine pâture y est reconnu par l'usage local immémorial ; il s'exerce entre tous les propriétaires réciproquement. Mais cette dépaissance commune ou *compascuité* n'est qu'une simple faculté qui ne confère aucun droit.

J.-F. Bonnet de St-Bonnet, jurisconsulte comtadin du XVIIIe siècle, dit que la vaine pâture a toujours été en usage chez nous :

« *Omnes ex generali consuetudine habent jus*
« *pascendi in fundis, post recollectionem uva-*
« *rum, spicarum, fœni....*

« *Transactiones, statuta et consuetudines in -*

« *materia pascuorum faciunt leges*...... (1). »

On exclut ordinairement de la vaine pâture les chêvres et les porcs. *Exceptis certis animalibus ut sues (id. num.* 106).

Les chèvres sont classées parmi les animaux nuisibles (*Cap. III, num.* 15 *et seq.*). Elles ne peuvent pas errer librement dans les plaines sans y faire du dégât. Nos Statuts punissaient de l'amende le gardien des bestiaux paissant dans des lieux défendus : « Si quelque animal, « de quelque genre que ce soit est trouvé en « terres semées, prés, vignes, estoubles et « autres lieux cultivés ou non cultivés auxquels « il est défendu d'aller.... etc.... » (*Statuts de la cité d'Avignon*, livre III, rubrique 6, art. 8.)

Un règlement du vice-légat Doria, fait en 1709, pour l'Etat d'Avignon, défendait de faire paître les chèvres et les boucs, si ce n'est à l'attache, dans les lieux incultes où se trouvent des arbustes, des oliviers et des vignes.

Deux autres règlements faits, l'un par le vice-légat Lomellini, le 16 octobre 1665, l'autre par le vice-légat Gonterii, le 6 août 1717, défendaient d'introduire et de faire paître le bétail dans les vignes et vergers d'oliviers, sans la

____

(1) *Tractatus de animalibus, curribus et plaustris. Cap. XXXVIII, num. 79, 81, 100.*

permission du propriétaire. On entendait par verger d'olivier ou *olivette* toute terre complantée de huit pieds d'oliviers par éminée. Un arrêt du Parlement de Provence, en date du 6 septembre 1768, avait homologué ces deux règlements, que l'usage a maintenus en vigueur. Cependant, après les vendanges, les propriétaires qui n'ont pas de troupeaux, laissent aux bergers la faculté de faire manger les pampres des vignes où il ne se trouve point d'oliviers. Mais cette vaine pâture ne s'exerce que par tolérance.

On considère donc, à Avignon, comme *vaines pâtures*, les grands chemins, les chaumes, les terres gastes, hermes et incultes, les bords des fossés, et généralement tous les champs non semés et non plantés d'arbres fruitiers, d'oseraies, d'oliviers ou de mûriers nains, et qui, par l'usage du pays ne sont pas en *défends* ou *marquées* (1).

Chez nous, les terres sont mises en défends par des monticules de mottes de terre surmontés d'une pierre ou d'une branche d'arbre ; ces signes faits au bord du champ ont pour but d'empêcher l'entrée des bestiaux (2).

---

(1) Les bestiaux ne peuvent entrer dans les chaumes avant que les gerbes n'aient été enlevées, et deux jours seulement après leur enlèvement.

2) *In nostra Provincia Comitatus Venaissini, particulares*

Les bestiaux ne doivent pas stationner ni paître sur les chemins vicinaux (*Règlement sur les chemins vicinaux, du* 7 *février* 1872, TITRE IV, *chap.* II, *sect.* 1).

Nous devons faire observer ici qu'un ancien usage défend le parcours et le pâturage du bétail sur les digues et chaussées du Rhône et de la Durance, afin de les préserver des dégâts causés par le passage et le piétinement des bestiaux. Cet usage nous a paru avoir son fondement dans un règlement du vice-légat Passionei, en date du 25 mai 1756, lequel porte :

« Informé que ceux qui tiennent des bêtes à
« laine, des chèvres, des vaches et autres bes-
« tiaux les mènent paître auxdites chaussées,
« ce qui les détruit entièrement, parce que les
« animaux font tomber la terre des chaussées,
« ou émouvant icelle font que le vent l'emporte,
« surtout n'étant pas retenue par l'herbe......
« il est défendu à toute personne de faire dépaî-
« tre des bêtes à laine, vaches, chèvres et autre

---

domini fundorum faciunt defensas, per monticula terræ, ad sibi conservandas herbas quæ vocantur enveiadæ, ad impediendum ingressum aliorum animalium post collectas segetes... (Bonnet de St-Bonnet, *ibid, numéros 87, 88).*

In fundis ubi sunt virgulta quercuum et alii teneri rami aut olivæ, constantissime conceditur defensa... (*Ibid. numéro 82).*

In ripis et viis publicis non potest fieri defensa pastus, tum unicuique liceat ibi alimenta sumere pro animalibus transeuntibus. (*Ibid., numéro 98).*

« bétail, gros ou petit, sur lesdites chaussées
« ou le long d'icelles...... »

Il importe également de mentionner ici quelques restrictions plus récentes apportées au droit de vaine pâture dans le territoire d'Avignon.

Le pâturage des bestiaux est interdit sur les bords du canal Crillon et de ses filioles. (*Art.* 10 *de l'ordonn. roy. du* 5 *avril* 1827). Un usage constant et reconnu veut, dans un but de conservation, qu'il en soit de même pour les bords de nos autres canaux.

Un arrêté du préfet de Vaucluse, en date du 22 mars 1883, interdit aux bergers de faire paître leurs troupeaux sur la digue insubmersible du syndicat de Courtine contre le Rhône, et prescrit aux propriétaires riverains de la digue de tenir en toute saison le couronnement et le talus de cet ouvrage débarrassés de tous roseaux, broussailles ou bois taillis, et d'émonder les arbres futaie plantés sur la digue syndicale.

Afin d'obvier au dommage causé par les bestiaux qui broutent les vignes et les propriétés riveraines des chemins communaux et sentiers de Morières, un arrêté municipal du 7 juillet 1857 a réglé le parcours des troupeaux sur les chemins communaux et sentiers permanents de la section de Morières. Cet arrêté défend aux bergers et conducteurs de bestiaux, du 1er avril au 30 juin inclusivement, le parcours avec leurs troupeaux des sentiers et chemins qui ne conduisent pas directement à leurs habitations.

Depuis l'époque de cet arrêté municipal, un arrêté préfectoral du 23 juillet 1870 (1) a distrait la section de Morières de la commune d'Avignon et l'a érigée en commune distincte ; mais rien n'a été changé relativement aux usages et règlements en vigueur.

Quand le droit de parcours et de vaine pâture n'est pas fondé sur un titre (2), on peut s'y soustraire ; pour cela, il suffit de clore entièrement par un mur, une haie, un treillage, une palissade ou un fossé ayant au moins quatre pieds de large et deux pieds de profondeur, la propriété que l'on veut exonérer de cette servitude (3). Dans ce cas, le propriétaire qui clôt

---

(1) Rendu en exécution de la loi du 24 juillet 1867 (Art. 13).

(2) Le nouveau Code rural (art. 44), veut qu'entre particuliers tout droit de vaine pâture fondé sur un titre soit rachetable à dire d'experts sans préjudice du droit de cantonnement, conformément aux articles 63 et suivants du Code forestier.

(3) Pour ne point faire obstacle aux droits de chasse et de vaine pâture sous l'ancien régime, plusieurs coutumes obligeaient les propriétaires ruraux à laisser leurs terres non closes. Le Code rural et l'article 647 du Code civil ont aboli cette servitude si onéreuse, qui, nous devons le reconnaître ici, n'exista jamais dans l'Etat d'Avignon ni dans le Comtat. La propriété n'eut point chez nous à subir de pareilles entraves, car nos statuts et les sages ordonnances de nos vice-légats avaient renfermé dans de justes limites le droit de chasse et le pâturage des bestiaux.

tout ou partie de ses propriétés perd son droit
au parcours et à la vaine pâture, dans la proportion du terrain qu'il y soustrait. *(Art. 648 du
Code civil)* ; c'est-à-dire que le nombre de bêtes
qu'il a droit d'envoyer paître sera réduit aux
trois quarts, au tiers, à la moitié, s'il a clos, le
quart, le tiers, la moitié de ses propriétés. Le
Code civil est sur ce point entièrement d'accord
avec un ancien règlement du vice-légat Aqua-
viva d'Aragona, en date du 10 octobre 1751,
qui contient la disposition suivante (Art. IV) :

« On ne pourra tenir des troupeaux de brebis
« ou de moutons qu'à proportion de l'étendue
« des terres et pâturages dont on jouira. »

Il importe, dit M. Barral (1), que chacun pro-
duise toute la nourriture nécessaire du tronpeau
qu'il possède dans sa grange ou qu'il admet
transitoirement sur ses herbages. De plus en plus
il faut renoncer à faire vivre le bétail sur le
domaine public. L'intérêt général est d'accord
avec les intérêts particuliers pour que chaque
cultivateur fasse tous les fourrages nécessaires
à l'entretien des animaux domestiques de son
exploitation.

La vaine pâture constitue, de nos jours, une

---

(1) *Rapport sur les irrigations de Vaucluse*, tome 2, page 457.

servitude plutôt nuisible qu'avantageuse à la culture, et qui empêche le plus souvent les améliorations agricoles ; car, avec le morcellement de la propriété, elle est devenue une charge qui pèse plus sur la petite propriété que sur la grande. Ajoutons, pour finir, que dans le territoire d'Avignon, l'exercice de la vaine pâture est aujourd'hui considérablement restreint.

CHAPITRE X

De la servitude d'échellage ou tour d'échelle

Plusieurs coutumes reconnaissaient autrefois, en France, au propriétaire exclusif d'un mur ou d'un bâtiment contigu à l'héritage d'autrui, le droit de poser des échelles et des échafaudages sur le fonds voisin, d'y faire passer des ouvriers, d'y déposer momentanément les matériaux nécessaires pour les travaux à faire au mur, au toit, aux tuyaux de cheminées. Ce droit constituait une servitude légale résultant du voisinage et se nommait *tour d'échelle* ou *échellage*.

Le tour d'échelle n'existe pas et n'a jamais exité chez nous, comme servitude ; quelquefois le propriétaire qui bâtit laisse une parcelle de terrain d'un mètre de largeur pour cet usage, mais il n'y est pas obligé. En effet, le propriétaire qui a besoin de réparer son bâtiment ou son mur, joignant sans intermédiaire l'héritage d'autrui, peut, moyennant indemnité, obtenir le passage chez le voisin des ouvriers et des matériaux.

Il ne faut donc pas confondre *la servitude de tour d'échelle* avec le terrain qu'un propriétaire laisse sur son propre fonds, pour pouvoir réparer aisément sa construction. Cet espace nommé également *tour d'échelle* lui appartient en pleine propriété.

D'ailleurs, aujourd'hui le propriétaire exclusif d'un mur ou d'un bâtiment ne peut avoir un droit quelconque au delà de son mur qu'en vertu d'un titre, car la présomption de droit est que celui qui construit prend la totalité de son terrain.

Notons cependant qu'un avancement de mur sur la largeur du tour d'échelle, à l'une ou à l'autre extrémité ou aux deux, et tenant au mur principal, pourrait remplacer le titre; mais il n'en serait pas ainsi d'une gouttière ni de toute autre saillie.

Lorsque deux voisins ont construit et laissé, chacun de leur côté, le terrain nécessaire au tour d'échelle ou à l'égout des toits, ces portions de terrains forment une *ruelle* d'environ deux mètres, qui ne peut être réputée mitoyenne, car, en opérant séparément et chacun de son côté, les voisins n'ont point entendu se concéder réciproquement un droit quelconque sur le terrain qu'ils laissaient.

Nous devons rattacher ici une question qui intéresse nos contrées méridionales : plusieurs de nos héritages ruraux sont protégés par des séparations naturelles, c'est-à-dire par des *rives* et des *tertres*, qui, ordinairement sont la propriété de celui dont ils soutiennent le terrain. Nos Statuts le disent expressément, lors même que sur la rive se trouve un sentier qui la sépare de ce terrain (1).

Entre deux fonds d'inégale hauteur, le propriétaire du fonds supérieur l'est aussi, à moins de titre contraire, de la rive ou de la partie du mur qui soutient son terrain et est obligé de l'entretenir.

En Provence et dans quelques localités de Vaucluse, l'usage est que le propriétaire supérieur qui construit un mur de soutènement, coupe sa rive et laisse, au delà de son mur, un espace d'une largeur de deux pans, qu'on

---

(1) *Statuts de la Cité d'Avignon, 1698.* Livre 1. Rubr. LIV.

nomme *lou recaousset*, c'est-à-dire *ce qui chausse le mur ;* l'inférieur ne peut, en ce cas, cultiver plus près de deux pans du mur.

En somme, le propriétaire inférieur ne peut rien faire qui altère-l'état de la rive et facilite l'éboulement des terres ; il doit même s'abstenir de cultiver trop près. S'il coupait à pic la portion de la rive qui peut lui appartenir ou s'il abaissait son terrain le long du mur existant, il serait obligé de soutenir le terrain du voisin par un mur.

Quand un mur de clôture joint immédiatement le fonds voisin, on a prétendu que l'usage interdisait au voisin de labourer jusqu'au pied du mur, parce qu'en facilitant ainsi l'infiltration des eaux, il nuisait à sa conservation. Nous répondrons à cela que le propriétaire du mur doit s'imputer de l'avoir construit sur la ligne divisoire, et qu'il ne serait pas juste de forcer le voisin à laisser inculte une portion quelconque de son champ.

CHAPITRE XI

Des cours, puits et maisons jouis en commun

Lorsqu'une cour est commune, chacun des co-propriétaires a droit de se servir pour ses besoins et son agrément, de la totalité de la cour, à la condition de ne pas nuire à la jouissance des autres propriétaires. Ainsi, chacun peut ouvrir dans la cour des portes et fenêtres, en augmenter le nombre, en varier les dimensions. En outre, chacun jouit des puits, hangars, fosses d'aisances et autres constructions qui se trouvent dans la cour commune.

Toutefois, aucun des co-propriétaires ne peut déposer dans la cour commune des piles de bois, des amas de pierres, pailles et autres objets de nature à gêner le passage ou à obstruer la vue. De même, personne ne doit changer la forme de la cour commune, y élever des constructions, y établir des ouvrages en saillie tels que galeries, balcons, terrasses.

Les réparations et l'entretien de la cour ont lieu à frais communs, en proportion de ce que chaque co-propriétaire possède dans les bâtiments contigus.

Si un puits appartient à diverses personnes, l'entretien, le curage, les réparations et la reconstruction sont à la charge de tous les intéressés. Toutefois, celui qui voudrait se soustraire à cette contribution le pourrait en abandonnant son droit au puits ou au puisage.

Dans la commune d'Avignon et dans le département de Vaucluse, on trouve parfois des maisons divisées horizontalement, de façon que le rez-de-chaussée appartient à un propriétaire, le premier étage à un autre, le second étage à un autre encore, et ainsi de suite. Ces sortes de communautés se nomment en droit *servitudes d'indivision;* elles ont leur origine soit dans un partage fait par le père de famille entre ses enfants, à chacun desquels il a donné une partie de la maison paternelle (1), soit dans un testament par lequel un propriétaire dispose de cette manière, au profit de plusieurs légataires, des divers étages de sa maison.

Pour déterminer les obligations et les droits des propriétaires des différents étages de la maison, il faut consulter les titres de propriété, les dispositions de l'article 664 et les usages -locaux, lesquels doivent être observés en ce qui concerne les omissions et lacunes du Code dans cette question.

Les réparations à faire au passage commun sont supportées par chacun des ayants-droit dans la proportion de la valeur de la partie de l'immeuble qu'il possède. Il faut donc, en pareil

---

(1) Souvent aussi, les enfants eux-mêmes se partagent la maison paternelle, à laquelle ils tiennent par affection, et qui ne pouvant former un seul lot, devrait être licitée, si ce mode de partage n'était pas employé.

cas, faire *une ventilation*, c'est-a-dire une estimation particulière de chaque étage pour fixer proportionnellement la contribution de chacun(1).

On procède de même pour les puits, les pompes, les portes, les allées, les cours, les fosses d'aisances qui servent également à tous les propriétaires de la maison. Quant aux greniers et aux caves, celui qui les possède seul entretient et reconstruit les murs, contre-murs, escalier et voûtes, mais si elles sont communes, toutes les réparations sont faites à frais communs.

Le propriétaire de la partie basse de la maison ne peut, sans le consentement des propriétaires des étages supérieurs, faire une forge ou une cheminée, ni changer de place celle déjà construite.

En cas de réparation des planchers, les frais d'étayement sont à la charge du propriétaire qui est chargé de réparer le plancher sur lequel il marche, car ils font partie de cette réparation.

L'article 664 ne parle pas des impôts, mais l'usage et la jurisprudence veulent que l'impôt foncier soit une charge commune. L'impôt des portes et fenêtres est, au contraire, une charge

---

(1) Chaque appartement doit être estimé comme s'il était nu, et en raison de sa grandeur seulement et de sa commodité, et non de la valeur locative qui est augmentée par les ornements et embellissements.

particulière qui est supportée par chacun de ceux dans les étages desquels elles se trouvent, excepté toutefois l'impôt sur la porte cochère ou sur la porte de l'allée commune qui est une dépense générale.

CHAPITRE XII

Du fossé creusé près le fonds voisin
(Art. 666, 667 et 668 du Code civil)

Un propriétaire creuse un fossé à la limite de son héritage. S'il n'existe aucun intervalle au-delà du fossé, le fonds du voisin pourra être exposé à des éboulements par l'effet des circonstances atmosphériques, de la pluie, du dégel ou même seulement de la nature du sol. Aussi, dès l'origine, les lois ont-elles voulu que le propriétaire creusant un fossé laissât un certain espace entre les bords de ce fossé et le fonds voisin. Le droit romain renfermait des prescriptions à cet égard. La loi 13 au *Digeste* titre *Finium regundorum*, exigeait un espace égal à la profondeur du fossé. Telle fut généralement la règle dans nos pays de droit écrit qui suivaient le droit romain. L'article 648 non encore voté du Code rural, établira une règle uniforme, mais en attendant, en vertu de l'article 544 du Code civil, on doit suivre les usages qui exigent une certaine distance entre le fossé et le fonds voisin.

Dans le territoire d'Avignon l'usage est, en creusant un fossé, de laisser du côté de l'héritage voisin un espace de terrain égal à la profondeur du fossé : c'est ce qu'on nomme le franc-bord (1). Dans ce cas, pour conserver la propriété du terrain que l'on aura laissé au-delà du fossé, il sera prudent de faire constater contradictoirement avec le voisin l'existence de ce terrain.

Le talus de la berge du fossé doit être suffisamment incliné pour empêcher l'éboulement de la rive et pour qu'il reste toujours un espace de 50 centimètres entre le talus et le fonds voisin.

Quand le fossé longe un mur de séparation, mitoyen ou non, outre la distance, il faut faire un contre-mur.

D'après l'article 666, modifié par la loi de 1881, tout fossé séparatif de deux héritages

---

(1) Sont maintenus par le Code civil les usages locaux qui obligent le propriétaire voulant se clore par un fossé, à laisser entre le fossé et l'héritage voisin un certain espace ou franc-bord, pour garantir cet héritage contre l'éboulement des terres (*Arrêt de la Cour d'appel de Bordeaux du 16 juillet 1879*). Par suite le propriétaire du fossé est propriétaire du franc-bord d'usage.

est réputé mitoyen, à moins qu'il n'y ait qu'un seul des héritages en état de clôture, Il y a marque de non-mitoyenneté du fossé, lorsque la levée ou le rejet de la terre se trouve d'un seul côté. Le fossé est censé appartenir à celui du côté duquel le rejet se trouve.

La clôture mitoyenne doit être entretenue à frais communs ; mais le voisin peut se soustraire à cette obligation en renonçant à la mitoyenneté. Cette faculté cesse, si le fossé sert habituellement à l'écoulement des eaux (*Art.* 667).

Le voisin dont l'héritage joint un fossé non mitoyen ne peut contraindre le propriétaire de ce fossé à lui céder la mitoyenneté.

Le co-propriétaire d'un fossé mitoyen qui ne sert qu'à la clôture peut le détruire jusqu'à la limite de sa propriété, à la charge de construire un mur sur cette limite (*Art.* 668).

Nous trouvons dans le règlement du 7 février 1872 sur les chemins vicinaux de Vaucluse, plusieurs dispositions relatives aux fossés (Titre IV, *chap. I, sect.* 6) : Les propriétaires riverains ne peuvent ouvrir un fossé le long du chemin vicinal à moins de 50 centimètres de la limite du chemin. Le fossé doit avoir un talus d'un mètre de base au moins pour un mètre de hauteur. Celui qui fait ouvrir un fossé doit l'entretenir de manière à empêcher que les eaux ne nuisent à la viabilité du chemin.

CHAPITRE XIII

Des plantations (Art. 671 et suiv. du Code civil)

L'arbre peut nuire au fonds voisin par sa proximité, par ses racines, par son ombre. S'il est planté sur la limite même du fonds, il peut donner lieu à une question de propriété. Enfin, le droit d'en cueillir les fruits peut engendrer des difficultés, si les branches avancent chez le voisin. On comprend dès lors la nécessité d'observer, pour les plantations, la distance prescrite par les usages ou par le Code : la diversité du sol, des cultures et même des espèces d'arbres n'a pas permis au législateur d'uniformiser cette distance pour toute la France.

Avant la loi du 20 août 1881 il importait de distinguer les arbres à haute tige de ceux à basse tige, mais depuis le nouveau Code rural, la distance à observer dépendant de la hauteur de l'arbre, les articles du Code civil ont été modifiés de la manière suivante :

Art. 671. — Il n'est permis d'avoir des arbres,

arbrisseaux et arbustes, près de la limite de la
propriété voisine, qu'à la distance prescrite par
les règlements particuliers actuellement existants ou par des usages constants et reconnus,
et, à défaut de règlements et usages, qu'à la
distance de deux mètres de la ligne séparative
des deux héritages pour les plantations dont la
hauteur dépasse deux mètres, et à la distance
d'un demi-mètre pour les autres plantations.

Les arbres, arbustes et arbrisseaux de toute
espèce peuvent être plantés en espaliers, de
chaque côté du mur séparatif, sans que l'on
soit tenu d'observer aucune distance, mais ils
ne pourront dépasser la crête du mur.

Si le mur n'est pas mitoyen, le propriétaire
seul a le droit d'y appuyer ses espaliers.

Art. 672 — Le voisin peut exiger que les
arbres, arbrisseaux et arbustes, plantés à une
distance moindre que la distance légale, soient
arrachés ou réduits à la hauteur déterminée dans
l'article précédent, à moins qu'il n'y ait titre,
destination du père de famille ou prescription
trentenaire.

Si les arbres meurent, ou s'ils sont coupés ou
arrachés, le voisin ne peut les remplacer qu'en
observant les distances légales.

Dans le territoire d'Avignon, il est d'usage

de planter les arbres de haute tige à la distance de deux mètres du fonds voisin, distance conforme d'ailleurs à celle prescrite par l'article 671 du Code civil.

La distance se prend à partir de la surface du tronc de l'arbre en ligne droite jusqu'au point séparatif des héritages (1).

Sont arbres de haute tige, par leur essence, les ormes, bouleaux, aulnes, platanes, chênes, saules, etc..., et les arbres fruitiers cultivés chez nous, tels que l'olivier, l'amandier, le pêcher, l'abricotier, le cerisier, le figuier, le poirier, le pommier, le cognassier, le prunier, le jujubier, le grenadier. Nos usages permettent cependant de former à un demi-mètre seulement une haie vive de mûriers nains, vulgairement nommés *porrette*, à la condition de les maintenir à la hauteur ordinaire des haies.

Au contraire, on assimile à tort chez nous, aux arbres de basse tige, les peupliers et les cyprés ; or, en plantant à 50 centimètres les rideaux ou palissades de cyprés, on porte un préjudice réel au voisin dont le terrain est ainsi

---

(1) La loi et l'usage s'opposent également à ce que le propriétaire puisse conserver, en dehors de la distance voulue, les arbres, arbustes et arbrisseaux qui croissent spontanément ou par l'effet d'un semis naturel. Il en est de même pour les rejetons accrus naturellement sur la souche de l'arbre abattu.

rendu peu productif à 10 ou 12 mètres de distance. Les peupliers et les cyprés ayant tous les caractères d'arbres de haute tige et dépassant en hauteur deux mètres (art. 671), on doit observer la distance de deux mètres du fonds voisin ou les maintenir par la taille dans les proportions ordinaires des haies vives.

La loi nouvelle du 20 août 1881 a surtout eu en vue le mode d'aménagement des plantations, de telle sorte qu'un arbre, quelle que soit sa nature, peut être planté à une distance de 50 centimètres du fonds voisin (distance des arbres de basse tige) à la condition d'être coupé périodiquement et maintenu à une hauteur ne dépassant pas deux mètres.

Lorsqu'il existe entre les deux fonds une clôture mitoyenne, haie ou fossé, canal ou ruisseau, la distance se calcule à partir de l'axe du fossé ou de la haie. Mais si les deux fonds étaient séparés par un chemin public, l'on devrait prendre la distance à partir du bord extérieur du fonds voisin.

Les arbres à basse tige sont ceux qui poussent peu de racines, qui s'élèvent peu, ceux enfin que l'on a l'habitude de tailler à des époques périodiques, tels que le frambroisier, le groselier, l'aubépine, le lilas, le laurier, le myrte,

le chèvrefeuille, le jasmin, les charmilles, oseraies, coudriers, genêts, sureaux, etc... Nos
usages, d'accord avec le Code civil, permettent
de planter les arbres de basse tige et les haies
vives (*cébisses*), à la distance de 50 centimètres,
à la condition toutefois de les maintenir à une
hauteur ne dépassant pas deux mètres.

Les haies sont la clôture la plus ordinaire des
propriétés rurales, elles sont *sèches* ou *vives*. La
haie sèche est formée de bois mort qu'on renou-
velle tous les ans ; elle se plante à la ligne divisoire de l'héritage, parce que ne poussant ni
branches ni racines, elle ne peut anticiper sur
aucun fonds ; c'est à elle seule que l'on applique
la règle du droit romain : *Terminum ne excedito*.

La haie vive que l'on plante à 50 centimètres,
est formée de divers arbustes, ronces ou aubé-
pines parmi lesquels on ne peut mettre d'arbres
à haute tige qu'en les maintenant à la hauteur
légale de la haie.

Le nouvel article 666 du Code civil présume
mitoyenne toute clôture, haie ou fossé qui
sépare des héritages, à moins qu'il n'y ait qu'un
seul des héritages en état de clôture, ou s'il y a
titre, prescription, ou marque contraire.

Tant que dure la mitoyenneté de la haie, les

produits en appartiennent aux propriétaires par moitié (Art. 669).

Les arbres qui se trouvent dans la haie mitoyenne sont mitoyens comme la haie. Les arbres plantés sur la ligne séparative de deux héritages sont aussi réputés mitoyens. Lorsqu'ils meurent ou lorsqu'ils sont coupés ou arrachés, ces arbres sont partagés par moitié. Les fruits sont recueillis à frais communs et partagés aussi par moitié, soit qu'ils tombent naturellement, soit que la chute en ait été provoquée, soit qu'ils aient eté cueillis.

Chaque propriétaire a le droit d'exiger que les arbres mitoyens soient arrachés (Art. 670).

Le voisin dont l'héritage joint une haie non mitoyenne ne peut contraindre le propriétaire de cette haie à lui céder la mitoyenneté.

Le co-propriétaire d'une haie mitoyenne peut la détruire jusqu'à la limite de sa propriété à la charge de construire un mur sur cette limite. (*Art. 668 du Code civil, modifié par la loi du 20 août 1881*).

Les roseaux ou *cannes* se plantent sur la limite même du fonds, mais comme leurs racines prennent surtout la direction du nord au midi, si on établit un cannier au midi de son fonds, il faut laisser une distance d'un demi-mètre ou creuser un fossé de pareille profondeur entre la propriété voisine et le *cannier*.

La vigne est plantée, chez nous, à 50 centimètres du fonds voisin. Les treilles ou vignes élevées sur des piquets ne sont jamais considérées comme de haute tige. On les plante immétement contre les murs dans les lieux clos.

On n'observe aucune distance pour les arbres, arbustes et arbrisseaux plantés le long d'un mur mitoyen ou d'un mur appartenant au propriétaire de l'arbre. On peut même, sans la permission du voisin, appliquer contre un mur mitoyen des espaliers, pourvu que les racines ne pénètrent point dans le mur et que les tiges ne dépassent pas la crête du mur.

Il importe de retenir que dans les enclos, il n'y a point de règles fixes concernant la distance, il suffit que les plantations ne portent pas préjudice aux murs, aux jours, aux vues et aux bâtiments du voisin.

Ne sont soumis à aucune distance les arbustes (saules, oseraies, roseaux, etc.), qui croissent naturellement dans le bief des moulins où au bord de l'eau, parce qu'ils servent à consolider les berges. Toutefois, on ne peut planter sur les bords du canal Crillon ou de ses filioles qu'à un demi-mètre de distance (*Art.* 8 *de l'ordonnance du 5 avril* 1827). Mais aucune distance n'est prescrite pour les plantations sur les bords du canal de l'Hôpital ; la transaction du 25 mai 1776 porte seulement que « les propriétaires « riverains continueront de jouir à perpétuité « des arbres plantés et à planter sur lesdits « bords et de ce qui y croîtra, sans que par cette « jouissance, ils puissent détériorer lesdits « bords » ; lesquels bords ont une largeur d'une canne (deux mètres) de chaque côté.

Quant au canal de Vaucluse, les riverains peuvent planter sur les berges mêmes, puisque le terrain est leur propriété jusqu'à l'axe du canal.

Relativement au canal Puy ou de Cambis notons que, depuis la prise du canal jusqu'à la route départementale n° 21, les bords appartiennent au propriétaire du canal qui a seul, par conséquent, le droit d'y planter.

Il ne peut être fait, sans autorisation, aucune plantation sur les cours d'eau soumis à la surveillance du syndicat d'entretien des roubines, fossés d'écoulement et autres du territoire d'Avignon (*Art. 2 du règlement du 22 janvier* 1859). Les riverains ne peuvent entretenir les anciennes plantations nuisibles aux bords des cours d'eau. Notons ici qu'un règlement du vice-légat

Philomarino, en date du 15 novembre 1783, prescrivait de ne planter sur les bords des fossés et *mayres* les haies ou cébisses, saules, peupliers et arbrisseaux qu'à la distance de deux pans (50 centimètres).

Le syndicat et les propriétaires riverains de la Durance ne peuvent ni faire des plantations ni construire d'ouvrages au-delà de la ligne tracée pour fixer les limites des bords de la Durance (1).

Le règlement sur les chemins vicinaux de Vaucluse, en date du 7 février 1872, contient des dispositions relatives à la plantation des arbres et des haies sur les propriétés riveraines. (TITRE IV, *chap*. I, *sect*. 3, 4, 5). Les arbres de toutes sortes ne peuvent être plantés qu'à un mètre à partir de la limite extérieure soit des chemins, soit des fossés, soit des talus qui les bordent. La distance des arbres entre eux ne peut être inférieure à huit mètres. Les haies vives ne peuvent être plantées à moins de 50 centimètres de la limite extérieure des chemins ; la hauteur des haies ne doit jamais excéder 6 mètres. En outre, les arbres plantés le long des chemins vicinaux, sur les fonds riverains doi-

---

(1) *Art. 16 de l'ordonnance du 14 janvier 1824 qui constitue le syndicat de l'Ile de Courtine.*

vent être taillés de manière que, dans une hauteur de quatre mètres au-dessus de la voie, aucune branche ne s'avance au-delà de l'arète extérieure de l'accotement *(Arrêté municipal du 24 avril 1872)*.

Nous n'avons plus à traiter la question des fruits pendants chez le voisin ou tombés naturellement sur son terrain ; le Code rural a abrogé nos usages en cette matière par l'article suivant :

Art. 673. — Celui sur la propriété duquel avancent les branches des arbres du voisin peut contraindre celui-ci à les couper. Les fruits tombés naturellement de ces branches lui appartiennent.

Si ce sont les racines qui avancent sur son héritage, il a le droit de les y couper lui-même.

Le droit de couper les racines ou de faire couper les branches est imprescriptible.

Désormais, les fruits qui tiennent aux branches, appartiennent au propriétaire de l'arbre qui les cueillera de chez lui comme il pourra. Quant aux fruits qui tombent naturellement sur le fonds du voisin, ce dernier les acquiert en compensation du préjudice qu'il souffre par les branches qui avancent sur son terrain.

CHAPITRE XIV

De la distance et des ouvrages intermédiaires exigés pour certaines constructions. (Art. 674 du Code civil).

Section I. — Des puits.

Chacun peut, sur son fonds, encore que la source, la fontaine ou le puits du voisin doivent en souffrir, creuser un puits de telle dimension qu'il lui plaît, pourvu qu'il prenne les précautions nécessaires pour garantir le voisin de toute infiltration des eaux. Ainsi, celui qui veut creuser un puits à la proximité soit d'un mur appartenant au voisin, soit d'un mur mitoyen ou susceptible de le devenir, soit de la cave, soit du puits, soit de la fosse d'aisances du voisin, est tenu de faire un contre-mur fondé plus bas que le sol et montant jusqu'au niveau du terrain, comme la maçonnerie sur laquelle se pose la margelle.

Nos Statuts locaux ne prescrivant rien relativement à la distance à observer et à l'épaisseur du contre-mur, on doit, pour la construction d'un puits, recourir à des experts, qui généralement fixent la distance à un mètre, y compris l'épaisseur du mur et du contre-mur.

On donne au contre-mur seul, une épaisseur d'un pied (33 centimètres), et on le bâtit circulairement, selon la circonférence du puits. Quelquefois, on joint le contre-mur au mur de séparation qui ne fait alors avec lui qu'un corps de maçonnerie, mais on ne doit jamais faire entrer le mur du puits dans un mur mitoyen, car ce serait violer les droits du voisin.

S'il n'existe pas de mur entre les deux héritages, celui des voisins qui, le dernier, creuse un puits, peut contraindre le propriétaire du premier puits, à contribuer aux frais de la maçonnerie intermédiaire.

Tous les puits doivent être entourés d'une margelle en maçonnerie ou de barreaux en fer avec appui. La margelle se place à 80 centimètres environ au-dessus du sol.

Nous devons ajouter ici qu'un décret du 7 mars 1808 a défendu de creuser, sans autorisation, aucun puits à moins de cent mètres des nouveaux cimetières transférés hors de l'enceinte des villes.

Section II. — Des fosses d'aisances

Un de nos anciens jurisconsultes provençaux, abordait ce sujet en disant : *La justice, comme un soleil, jette son œil partout sans souiller ses rayons*. Nous ne saurions mieux commencer ici qu'en usant de ce préambule aussi pompeux que respectueux envers le lecteur.

Nos Statuts (Livre I, rubrique 44, *des Privés et Latrines*), s'expriment de la manière suivante :
« Les privés seront bâtis avec une muraille
« jusques à terre, *œdificentur muro in terram*
» *usque*, et auront sous terre une fosse bien
« fermée, pour le moins d'une canne de profon-
« deur et d'une canne de largeur. Chaque
« maison aura son privé... »

Dans un but de salubrité publique, la Municipalité d'Avignon a pris plusieurs fois des arrêtés ordonnant la construction des fosses d'aisances dans toutes les maisons de la ville, afin d'empêcher les propriétaires et locataires de jeter des urines et matières fécales sur la voie publique, dans les égouts, dans les canaux de Vaucluse et des Sorguettes. Nous devons rappeler ici le dernier arrêté, en date du 18 juillet 1873, qui a remis en vigueur pour le mode de construction des fosses d'aisances l'arrêté du 4 décembre 1839 et a supprimé les tuyaux établis sur le cours des canaux de Vaucluse et des Sorguettes. Voici en son entier l'arrêté du 4 décembre 1839 :

« Article premier. — Dans toutes les construc-

tions de maisons neuves ou les grosses réparations de bâtiments qui seront faites à l'avenir
dans cette ville, il ne pourra être construit
de fosses d'aisances dans d'anciens puits ou
puisards sans refaire les constructions suivant le
mode prescrit par le présent réglement.

« Art. 2. — Les fosses d'aisances seront
placées, autant que faire se pourra, sous le sol
des caves ; dans tous les cas, elles devront
toujours être établies au-dessous du niveau de
la rue.

« Art. 3. — Il est défendu d'établir des
compartiments ou divisions dans les fosses, d'y
construire des piliers et d'y faire des chaînes ou
des arcs en pierres apparentes.

« Art. 4. — Le fond des fosses d'aisances
sera fait en forme de cuvette concave, avec des
arrondissements pour effacer les angles du tour
avec le fond, qui sera formé d'une couche de
béton de 25 centimètres d'épaisseur au moins,
fait avec gravier pur du Rhône et chaux de
Caumont.

« Art. 5. — Les parements des fosses seront
construits en moellons piqués ou pierres de
taille, liés à chaux et ciment. Il est défendu d'y
employer le plâtre.

» Art. 6. — La hauteur des fosses, quelle

que soit leur capacité, ne pourra être moindre de 2 mètres sous voûte.

« Art. 7. — Les fosses seront fermées par une voûte dans laquelle sera pratiquée, pour l'extraction des matières, une ouverture d'un mètre sur 65 centimètres au moins. Cette ouverture sera recouverte par une dalle, et sera, autant que possible, pratiquée au centre de la voûte. — Lorsque cette ouverture correspondra à une cheminée excédant un mètre cinquante centimètres de hauteur, les dimensions ci-dessus spécifiées seront augmentées de manière que l'une de ces dimensions soit égale aux deux tiers de la hauteur des cheminées.

» Art. 8. — Le tuyau de chute sera placé dans une direction verticale ; son diamètre intérieur ne pourra être moindre de 25 centimètres.

« Art. 9. — Il sera en outre établi parallèlement au tuyau de chute, un tuyau d'évent, lequel sera construit jusqu'à la hauteur des souches des cheminées les plus élevées de la maison. L'orifice intérieur des tuyaux de chute et d'évent ne pourra être descendu au-dessous des points les plus élevés de l'intrados de la voûte.

« Art. 10. — La capacité des fosses devra être telle qu'on ne soit obligé, dans aucune circonstance, de repurger plus d'une fois par an la même fosse.

« Art. 11. — Les fosses actuellement existantes qui ne seront point construites selon les exigences du présent arrêté, ne pourront être réparées. Elles seront vidées, supprimées et remblayées. »

Il importe d'ajouter qu'en établissant une fosse d'aisances contre un mur de séparation, mitoyen ou non, il faut faire un contre-mur, parfois adhérent, afin de mieux empêcher tout suintement, ou bien laisser un petit espace pour que l'humidité ne se communique pas au mur de séparation. L'épaisseur de ce contre-mur varie suivant l'étendue de la fosse : si la fosse est creusée en terre, un mur de 40 centimètres suffit ; mais si la fosse est en élévation, l'épaisseur du mur varie suivant la largeur de la fosse ; elle est ordinairement de 50 centimètres, les enduits compris. Le mur d'une fosse adossé à un mur mitoyen doit toujours avoir une épaisseur d'au moins 45 centimètres en bonne maçonnerie, indépendamment de l'épaisseur du mur mitoyen.

Il en est autrement dans l'intérieur des bâtiments, où le mur de refend peut servir de mur de fosse.

Lorsqu'une fosse d'aisances est ouverte sur un héritage, à proximité d'un puits placé sur l'héritage voisin, on laisse ordinairement une distance d'un mètre environ entre la fosse d'aisances et le puits placé sur le fonds voisin, en y comprenant l'épaisseur des murs de part et d'autre.

Les tuyaux de descente en poterie doivent être isolés du mur mitoyen ou être garnis sur toute leur hauteur et largeur d'une maçonnerie en briques ou en moellons de 16 à 22 centimètres hourdée en ciment. L'emploi de tuyaux en fonte de fer ne rend pas le contre-mur nécessaire ; mais les tuyaux doivent également être isolés du mur.

Il est toujours prudent, lorsqu'on construit une fosse d'aisances, même près d'un mur de séparation dont on est seul propriétaire, de faire un contre-mur, afin que, s'il plaît plus tard au voisin d'acquérir la mitoyenneté, on ne soit pas obligé d'exécuter de nouveaux travaux, qui seraient alors beaucoup plus coûteux.

Celui qui, soit pour établir une fosse d'aisances plus spacieuse dans un autre endroit, soit pour toute autre raison, abandonne des latrines, doit d'abord les faire vider et faire enlever les terres, sables et matériaux qui s'y trouvent ; c'est seulement après l'exécution de ces travaux que l'on peut combler la fosse.

Section III. — Des cheminées, âtres, forges, fours et fourneaux

Relativement aux cheminées adossées à un mur de séparation, l'usage voulait autrefois que l'on bâtit un contre-mur : Bonnet de St-Bonnet le dit formellement : *Fornacem nec foramina cives facere non possunt in muro communi nisi alius murus aut paries œdificetur, ad combustionis et ignis periculum vitandum* (1).

Mais, on a depuis longtemps remplacé le contre-mur par une plaque de fonte ou une dalle placée au contre-cœur, c'est-à-dire au mur formant le fond de la cheminée.

Quant à l'*âtre*, c'est-à-dire à la place qui reçoit le combustible, s'il est situé sur des poutrelles en bois, l'usage est d'abord de faire des voûtins en brique, afin d'isoler le bois, ensuite de poser la plaque de l'âtre sur la couche de béton qui recouvre la voûte.

Pour les fours, forges et fourneaux, nos usages prescrivent de laisser le *tour du chat*, c'est-à-dire un espace vide entre le four et le mur du

---

(1) Chap. XXXV, par. 65. *Traité des édifices.*

voisin, espace qui doit être au moins de 16 centimètres. On prend les mêmes précautions pour
les tuyaux d'un fourneau ; car le passage
habituel de la flamme peut brûler les murs tout
aussi bien que le fourneau lui-même.

Nos usages défendent d'adosser des cheminées à des cloisons ou à des pans de bois, même
en usant de la précaution d'un contre-mur, et
de faire passer aucune pièce de bois dans les
tuyaux de cheminée.

Mentionnons ici un arrêté municipal du 30
janvier 1824, qui contient les dispositions
suivantes :

« Art. 2. — Tous les propriétaires des fours,
« forges et fourneaux, sont tenus de les faire
« vérifier, dans le mois de novembre de chaque
« année, par l'inspecteur des travaux publics ou
« son adjoint et de rapporter au bureau de
« police une attestation constatant que lesdits
« fours, forges et fourneaux, ainsi que leurs
« tuyaux *ont été trouvés régulièrement construits*
« et ramonés. »

**Section IV. — Des étables, dépôts de fumiers,
magasins de sel et amas de matières corrosives.**

Les étables (vacheries, bergeries, porcheries,
écuries), doivent avoir un contre-mur de 25 cen-

timètres d'épaisseur en bonne maçonnerie, et d'une hauteur telle qu'il atteigne les mangeoires.

Les Statuts du terroir de Pernes (art. 31) prescrivent *un contre-mur de deux pans d'épaisseur bien bâti*. En consultant le *Traité des édifices* de J.-F. Bonnet de St-Bonnet, on trouve qu'il a toujours été d'usage chez nous de faire un contre-mur pour les dépôts de fumiers et autres. (1)

Un arrêté municipal du 23 décembre 1843 a défendu, dans un but de conservation, les dépôts des fumiers contre les remparts d'Avignon.

Un autre arrêté municipal, du 14 septembre 1849, renferme une disposition que nous croyons utile de rapporter ici :

« Art. 2. — Il est défendu de faire aucun
« dépôt de fumiers dans l'intérieur des maisons,
« cours, écuries, remises et jardins, comme
« aussi d'y creuser ou conserver des fosses à
« fumier, vulgairement appelées *yogues*. »

Les co-propriétaires d'un mur mitoyen ne peuvent y adosser ni fumiers, ni cloaques, ni matières corrosives, ni terres jectisses, en un mot rien qui puisse nuire au mur par l'humidité,

---

(1) *Stabula animalium et fimus sunt damnosa in civitatibus.* (Chap. LXIV, nº 7). *Fimus non potest reponi·contra murum proprium vicini, nisi alius murus ædificetur..... Nihil potest reponi per quod murus communis aut vicini deterior fiat.....* (LII, nºs 51 et suivants).

la pression ou autrement. Le contre-mur à établir, pour les cloaques, et les dépôts de matières corrosives, doit être de 25 centimètres et dépasser en hauteur l'entassement des matières. On comprend que la hauteur ne peut être fixée *à priori*, car elle dépend de la plus ou moins grande quantité de matières amoncelées contre le mur.

Ordinairement, les dépôts de sel sont placés dans des carrés en planche d'une épaisseur de 3 centimètres au moins.

Si l'on met le dépôt de fumiers ou de matières corrosives sur un local ou sur une cave appartenant à autrui, on est obligé de faire un double carrelage établi en pente.

On doit joindre à l'énumération des ouvrages qui, en vertu de l'art. 674 ne peuvent être faits qu'avec certaines précautions, l'adossement au mur voisin d'une voûte ou d'un arceau dont la poussée pourrait le faire surplomber. En effet, l'usage oblige de faire un contre-mur aux voûtes et arceaux pour empêcher qu'ils ne fassent déverser le mur mitoyen. L'épaisseur du contre-mur varie selon le diamètre de la voûte, et la nature des matériaux, mais ne peut être moindre de 33 centimètres.

Il faut également prendre certaines précautions, lorsqu'on veut diriger le long d'un mur de séparation, mitoyen ou non, des canaux destinés à la conduite des eaux ou à leurs réservoirs, des éviers, de pareils ouvrages engendrant beaucoup d'humidité et pouvant occasionner des infiltrations nuisibles; l'usage est de faire un contre-mur, dont l'épaisseur varie de 20 à 50 centimètres environ, ou de les éloigner du mur voisin d'une distance égale.

Nous devons faire observer, en terminant cette question, que malgré les précautions prises afin que les nouvelles constructions ne nuisent pas au voisin, et quoique pour ces constructions on se soit conformé à l'usage des lieux, si les intermédiaires ou les distances sont insuffisants, le dommage souffert par la propriété voisine doit être réparé. Le voisin peut en conséquence demander des dommages-intérêts et même la démolition des nouvelles constructions, s'il n'est pas possible d'empêcher pour l'avenir de semblables inconvénients.

CHAPITRE XV

Des conditions prescrites pour l'exercice des différents droits de passage (Art. 682 et suiv. du Code civil).

La servitude légale de passage était reconnue par notre ancienne législation. En la conservant, le Code s'est abstenu de fixer la largeur du passage, afin qu'on pût la fixer dans chaque localité d'après l'usage et les besoins de la propriété enclavée.

Si donc les titres ne déterminent pas quelle doit être la largeur affectée à cette servitude, il faut se conformer aux dimensions fixées par les règlements ou les usages.

Remarquons, toutefois, qu'il n'est question ici que des chemins privés, la largeur des chemins publics étant fixée par les lois administratives.

De même, il ne faut pas confondre le droit de passage en cas d'enclave et le droit de passage ordinaire (passage de commodité) qui constitue une servitude discontinue.

Le territoire d'Avignon est divisé par *clos* ou

quartiers qui sont bordés par des chemins publics ou par des chemins *voisinaux* (1).

Nos Statuts (*Rubrique* 54) s'occupent longuement du passage dans les propriétés d'autrui :

« Celui qui a une propriété n'ayant aucun
« passage pour aller au grand chemin, qu'en
« passant dans les propriétés voisines, prendra
« son passage dans le fonds voisin jusqu'au
« grand chemin et avec le moins de dommage
« que faire se pourra... » Cette règle est conforme à l'article 683 du Code civil.

« ... S'il se trouve deux fonds également
« proches dudit chemin, il passera par celui
« qui sera le plus proche de la ville. Si le fonds
« le plus proche est une vigne, il n'y passera
« point, mais par un autre fonds plus proche
« du chemin public, quoiqu'il soit plus éloigné
« de la ville. Si sa propriété est enclavée et
« touche à la Sorgue ou à un autre cours d'eau,
« il pourra jeter un pont sur cette eau courante
« pour lui servir de passage.

« S'il s'agit de vignes entourées de petits
« sentiers, vulgairement appelés *rares*, il pas-
« sera par la rare la plus proche tant du chemin

---

(1) *Territorium avenionense distinguitur per clausa sive
territoria particularia..... Declarantes clausum esse quo cir-
cum circa viis publicis vel etiam vicinialibus circumdatur.*
(*Statuts d'Avignon*, LIVRE I, rub. XLVIII, art. 1 et 2).

» que de sa vigne, avec le moins de dommage,
« et ne passera pas avec bête, charrette ou
« voiture... »

En outre, la rubrique 53 de nos Statuts porte :
« Les chemins de traverse qui servent pour
« aller aux différentes possessions du terroir
» auront deux cannes et demie, et les chemins
« voisinaux, dix pans. »

Autrefois, dans l'État d'Avignon, on divisait,
comme aujourd'hui, les chemins voisinaux ou
agricoles en deux catégories :

1° Le chemin de souffrance ou de servitude,
dû à un propriétaire pour l'utilité de son fonds,
appelé sentier ou viol, et vulgairement *drayoou*.

D'après nos usages, la largeur du sentier ou
drayoou varie de deux à quatre pans (de 50 centimètres à un mètre) ; cette largeur suffit pour
le passage d'un homme ou d'une bête chargée.
Quelle que soit sa largeur, il ne cesse pas
d'appartenir au propriétaire du fonds ; celui à
qui il est dû, ne s'en sert que pour le passage.

2° Le chemin d'exploitation qui sert aux
divers propriétaires d'un même quartier et dont
l'entretien est à leur charge (1). Il importe

---

(1) Les intéressés peuvent toujours s'affranchir de contribuer à l'entretien et à la mise en état de viabilité, en renonçant à leurs droits
soit d'usage, soit de propriété sur le chemin. (*Art. 37, loi du
20 août 1881*).

d'ajouter que ce chemin forme souvent un impasse plus ou moins long, et alors il est connu plus particulièrement sous le nom de *rare pelouse* (1); il part d'un chemin public et se perd dans les terres, sans avoir de sortie. La largeur de la rare pelouse est de dix pans (2 mètres 50 centimètres), afin de pouvoir servir au passage des charrettes. Comme ce chemin est la propriété des co-usagers riverains, la distance à observer pour les plantations part de l'axe de la rare pelouse (2).

Mais, aucune distance n'est prescrite pour les plantations faites au bord d'un chemin de souffrance; il suffit qu'elles ne gênent pas l'exercice du droit de passage.

D'après trois règlements émanés, le premier

---

(1) C'est-à-dire terrain inculte couvert d'herbe menue.

(2) Il importe de distinguer, comme l'a fait la loi du 20 août 1881, les *chemins et sentiers d'exploitation des chemins ruraux*. Ces derniers sont les chemins appartenant aux communes, affectés à l'usage du public et qui n'ont pas été classés comme chemins vicinaux. L'autorité municipale est chargée de la police et de l'entretien des chemins ruraux.

Au contraire les chemins et sentiers d'exploitation, nommés autrefois *voisinaux* chez nous, sont, en l'absence de titres contraires, réputés la propriété commune des riverains, chacun en droit soi. L'usage de ces chemins privés peut être interdit au public.

Les chemins et sentiers d'exploitation ne peuvent être supprimés que du consentement de tous les propriétaires qui ont le droit de s'en servir. En effet, les propriétaires limitrophes de leur parcours, sont présumés les avoir originairement établis par une convention tacite et dans un mutuel intérêt pour le service de leurs fonds respectifs.

Les contestations relatives à ces chemins sont de la compétence de l'autorité judiciaire.

7

du vice-légat Salviati, à la date du 20 mai 1713 ; le second, du vice-légat Lercari, à la date du 20 mars 1741, et le troisième, du vice-légat Philomarino, à la date du 15 novembre 1783, la largeur des chemins voisinaux, (autres que le sentier ou *drayoou*), était de dix pans, non compris les fossés ou *mayres* qui peuvent les border. S'il existait des deux côtés une muraille ou une haie, cette largeur était portée à douze pans (3 mètres) et même plus, dans les contours.

En effet, cette largeur peut être parfois insuffisante pour l'exploitation d'un fonds, aujourd'hui surtout que le transport par charrettes a été substitué au transport par bêtes de somme ; car il faut que les chemins soient tels que les charrettes puissent s'y rencontrer sans inconvénient, ce qui entraîne une largeur de 6 mètres, sinon partout, du moins en certains endroits, afin qu'elles puissent aisément se croiser ; il faut principalement donner aux chemins assez de largeur aux coudes pour que les longues échelles des charrettes ne dégradent pas les murs.

Aussi les tribunaux ont-ils la faculté d'accorder une largeur plus grande que celle portée par les règlements ou les usages locaux, en indemnisant le voisin pour le terrain sur lequel la largeur est prise.

Toutes les dispositions que nous venons de rapporter sont encore suivies chez nous et servent à régler les différentes servitudes de passage.

CHAPITRE XVI

Du Bail à loyer

Durée des baux verbaux. — Époque d'entrée en jouissance, de sortie et de payement du loyer. — Délai des congés. — Tacite reconduction. — Réparations locatives.

(Art. 1736, 1738, 1754, 1758 et 1759 du Code civil)

Usus et consuetudo in locatione prævalent, dit un adage que notre Code civil a complétement sanctionné. C'est surtout dans les contrats de louage que l'application des usages locaux peut présenter des difficultés. A défaut d'écrit la convention étant verbale, la bonne foi et les usages garantissent alors seuls l'exécution des engagements pris de part et d'autre. Le délai pour les congés varie d'une étrange façon selon les localités et selon la destination des

lieux loués. « On aurait désiré, dit Rogron, ren-
« dre ces délais uniformes pour toute la France,
« mais comme ils sont basés ordinairement sur
« les localités, les habitudes et le commerce
« des divers pays, comme d'ailleurs on y est
« fort attaché, le législateur a cru devoir les
« respecter. »

Dans la ville d'Avignon, les maisons se louent
à tant par an, ainsi que les divers corps de
logis, magasins, boutiques et appartements non
meublés. Néanmoins, les locations verbales sont
de six mois, d'après l'usage et à défaut de
conventions. Les appartements meublés ou
chambres garnies se louent au mois.

Il n'y a pas d'époque fixe d'entrée en jouissance ou de sortie.

Les loyers se paient d'avance de six mois en
six mois, rarement de trois mois en trois mois.
Il ne faut pas confondre la durée du bail verbal
avec les époques du paiement : le paiement des
loyers suivant un mode trimestriel n'empêche
pas la location d'être de six mois d'après
l'usage. Le prix des appartements meublés est
également payé d'avance, au commencement
du mois à courir.

De plus, il est assez d'usage chez nous, en
matière de location, de donner et d'exiger des

arrhes. On appelle ainsi une somme modique donnée au propriétaire par le futur locataire à compte du prix de la location et qui établit la conclusion du contrat de louage.

Les Statuts d'Avignon (*Livre I, Rubrique LXVI*), traitent de la précise observation des contrats et s'expriment de la manière suivante :

« Les contrats de louage et autres conven-
« tions, après que les parties, ou autre personne
« au nom d'icelles, auront donné les arrhes,
« ou, comme l'on dit, le denier à Dieu, seront
« fermes et irrévocables, et lesdites parties
« seront tenues de les observer et accomplir
« précisément, payer le prix, livrer la chose
« louée et effectuer tout ce dont elles auront
« convenu. »

Les arrhes sont la peine du dédit, qui reste facultatif à chaque partie. Ainsi, le futur locataire qui ne se présente plus, soit pour prendre possession des lieux au jour fixé, soit pour compléter le prix de sa location payable d'avance, perd les arrhes qu'il a données. Au contraire, le propriétaire qui ne veut plus louer à la personne dont il a reçu des arrhes, est obligé de les doubler, c'est-à-dire de rendre la somme reçue, plus une somme égale.

Le propriétaire est tenu de donner congé deux

mois avant l'expiration du bail ; mais, chose étrange ! le locataire n'est pas obligé d'avertir le propriétaire, il peut sortir le dernier jour du bail et *mettre les clefs sous la porte*, comme dit une expression vulgaire mais énergique. C'est là, en vérité, un usage aussi illégal que constant et reconnu chez nous. Il nous a paru avoir sa base dans nos Statuts (1) ; en effet, nous y voyons que le propriétaire qui voulait changer de locataire devait, *deux mois avant l'expiration du terme de la location*, avertir le locataire en possession et lui demander s'il entendait continuer le bail aux conditions et prix du futur locataire. A cette sommation, le locataire en possession devait, dans les huit jours, faire connaître sa réponse.

Au surplus, nous avons entendu expliquer cet usage de la manière suivante : le locataire payant d'avance est à terme tous les six mois, le propriétaire le sait et n'a donc pas besoin d'être prévenu. Cette raison est évidemment plus spécieuse que solide ; elle serait, à la rigueur, admissible, si le propriétaire pouvait louer sans retard, le lendemain même de la sortie de son

____

(1) « Locator conductori, per duos menses ante finem locationis, intimaverit an velit domum retinere pro pretio et pactis quibus est « alteri locaturus...... » (LIVRE I, RUBRIQUE 50, *Des maisons à louage*).

locataire ; mais comme presque toujours il n'en est rien, le propriétaire éprouve un préjudice réel. Aussi, nous pensons qu'un pareil usage aussi contraire à l'équité qu'à la loi, qui veulent que le bail soit un contrat synallagmatique et produisant des obligations réciproques, doit être tenu pour nul et remplacé par le délai de deux mois, qui lie le propriétaire.

En effet, l'article 1736 du Code civil impose au locataire, comme au propriétaire, l'obligation de donner congé, et la loi ne s'en réfère à l'usage des lieux que pour la durée, plus ou moins longue, du délai qui doit exister entre le congé et la sortie. Il faut donc considérer comme contraire à la loi et comme abrogé, l'ancien usage qui, à Avignon, permettait aux locataires de quitter les lieux, à la fin de la location, sans donner congé (1).

Relativement aux chambres garnies et appartements meublés, la durée du bail est déterminée par le mode de paiement ; chez nous, le bail est fait ordinairement pour un mois. Il cesse donc à la fin de chaque mois ; mais, afin d'éviter la tacite reconduction, l'usage veut que l'on se donne *réciproquement* congé un mois d'avance, c'est-à-dire au moment du paiement. Si le

---

(1) Consulter sur ce point Dalloz. *Jur*. *Génér*. *V· Louage* n· 677.

locataire quitte avant la fin du mois et qu'il y ait plus d'une quinzaine d'écoulée, on ne rend rien sur le terme courant qui a dû être payé d'avance.

En somme, les délais pour les congés, à défaut de conventions verbales ou écrites, sont les suivants :

1° Pour les loyers — de chambres ou d'appartements non garnis — de maisons urbaines, boutiques, magasins, écuries et caves, — pour les maisons rurales (pavillons d'agrément), sans tènement de terre y attenant, ou avec tènement si faible qu'on ne puisse considérer le loyer de la maison comme fait en vue d'une exploitation agricole, le congé doit être donné deux mois avant l'expiration du bail.

2° Pour les chambres ou appartements garnis dont le loyer est au mois, l'usage exige un congé ou un avertissement soit de la part du propriétaire soit de la part du locataire donné un mois à l'avance.

Le congé peut être donné verbalement ou par écrit. Le congé verbal, peut engendrer de graves inconvénients, en ce sens que si l'une des parties le nie, l'autre ne peut invoquer la preuve testimoniale, même lorsque le loyer annuel n'excède pas 150 fr.

Souvent même, le congé se donne et s'accepte par lettres échangées entre le propriétaire et le locataire ; mais, il vaut mieux, lorsque l'une des parties accepte à l'amiable le congé qui est donné par l'autre, rédiger un acte sous seing privé en doubles originaux, pour éviter plus tard toute contestation sur la validité du congé.

Il arrive souvent, à Avignon, que le propriétaire se contente de donner congé dans la quittance du loyer payé par anticipation ; nous ne saurions trop détourner d'un semblable moyen, parce qu'aux yeux de la loi un congé de cette nature n'est pas valable comme congé sous seing privé, puisque la preuve de l'existence du congé se trouve entre les mains du locataire et dépend de sa volonté ; car, s'il a intérêt à ne pas déménager il niera la quittance, paiera une seconde fois son terme et contraindra ainsi le propriétaire à le laisser jouir des lieux jusqu'à la fin du terme suivant.

Notons ici que le locataire, qui trouve que le congé est irrégulier ou donné hors du temps voulu, ne doit pas attendre pour le dénoncer que le terme échoie ; son silence pourrait être regardé ou comme une approbation du congé ou comme un dessein de nuire.

Ajoutons qu'il est nécessaire de donner congé,

même dans le cas d'un bail dont la durée est déterminé, quand, comme cela se pratique souvent, le bail contient des termes auxquels il est loisible au propriétaire ou au locataire de le résoudre après trois, six ou neuf ans. Il est d'usage, en pareil cas, d'indiquer dans l'acte écrit, de combien de temps le congé-avertissement doit précéder la première ou la seconde période. Mais lorsque le bail ne contient pas de clause à cet égard, on suit, pour le congé, le délai de deux mois.

A partir du moment où le locataire a donné ou reçu congé, il doit laisser mettre l'écriteau et visiter le logement aux personnes qui se présentent pour louer. Ces sortes de visites n'ont guère lieu avant dix heures du matin et après cinq heures du soir, car l'obligation de faire voir les logements ne va pas jusqu'à contraindre le locataire à les laisser visiter trop tôt le matin ou trop tard le soir. Le propriétaire ne peut forcer le locataire à laisser voir les lieux à une époque autre que celle de la signification des congés. Si le locataire s'absente, l'usage veut qu'il laisse à son représentant ou au propriétaire les clefs des lieux à louer.

Les lieux doivent être rendus en bon état de propreté, balayés et ordures enlevées.

On n'accorde pas de délai pour déménager (1);
le jour même de l'expiration du bail, les lieux
doivent être vidés et les clefs remises avant la
nuit au propriétaire. Si le locataire, pour ses
convenances personnelles, a fait faire des clefs,
il est tenu de les remettre au propriétaire.

Autrefois cependant, il était d'usage chez
nous de demander un délai pour opérer l'enlèvement des meubles. Une ordonnance du vice-légat
Salviati, en date du 27 mai 1713, avait réglementé ce point, qui engendrait de nombreux
abus; les juges accordaient au locataire pour
sortir un seul et unique délai d'un mois, qui se
comptait du jour où la location écrite ou verbale
était expirée; à la fin du mois l'expulsion avait
lieu immédiatement.

Aujourd'hui, le délai pour déménager peut
être fixé par le jugement qui ordonne l'expulsion ou qui valide le congé.

Si, à l'expiration du bail écrit, le locataire
reste et est laissé en jouissance, il s'opère une
nouvelle location dont la durée est, chez nous,
de six mois. C'est ce qu'on appelle *la tacite
reconduction*.

Aucun laps de temps n'est fixé par nos usages

---

(1) Il existe à Paris seulement un délai de grâce concédé au locataire depuis le moment où sa jouissance expire.

pour que la tacite reconduction soit considérée comme accomplie : elle s'induit du silence mutuel des parties ; mais il faut que la jouissance ait lieu au vu et au su du propriétaire et non d'une manière furtive, et que l'ensemble des circonstances indique suffisamment le consentement du propriétaire à laisser le locataire en possession. Pour faire cesser le bail, il faut que le propriétaire donne congé au locataire deux mois à l'avance ; sans quoi, tant qu'il n'y aura pas de congé signifié, il s'opérera un nouveau bail qui durera encore six mois, et ainsi de suite.

La contribution des portes et fenêtres est à la charge du locataire, à moins qu'il n'en soit autrement convenu. Toutefois en Provence, et dans l'arrondissement d'Avignon, l'usage met l'impôt des portes et fenêtres à la charge du propriétaire ou bailleur, sans qu'il soit besoin de stipuler cette clause.

Il nous reste maintenant à traiter des réparations locatives. Par ce mot, le Code entend les réparations de menu entretien (1).

---

(1) Les réparations sont de trois sortes : les grosses réparations, les réparations de gros entretien et les réparations de menu entretien ; ce sont ces dernières qu'on nomme *locatives*.

D'après la loi et d'après l'usage, les réparations *à la charge du propriétaire* sont celles à faire : 1° aux voûtes, aux murs de refend, aux poutres, aux poutrelles, aux lambourdes, aux planchers, aux pans de bois de refend portant planchers, aux escaliers, aux toits et couver-

Elles ont été laissées à la charge du locataire, parce qu'elles ne sont ordinairement nécessaires qu'à la suite d'actes de négligence, de maladresse ou de mauvais vouloir, soit du locataire lui-même, soit des personnes de son habitation. Quand, au contraire, elles sont occasionnées par vétusté, par cas fortuit ou par force majeure, elles sont à la charge du propriétaire (*Art*. 1755). Il en est de même lorsque la dégradation provient d'un vice de la chose louée.

S'il n'a pas été fait d'état des lieux, le locataire est présumé les avoir reçus *en bon état de*

---

tures, aux murs de clôture. (Ces dispositions sont applicables aux baux à ferme comme aux baux à loyer) ; — 2· aux manteaux et souches de cheminée, aux murs, voûtes et planchers des fourneaux potagers, aux murs, voûtes de dessous et tuyaux de four appartenant à la maison ; — 3· aux aires de plâtre des appartements et des escaliers qui ne sont point carrelés ; — 4· aux marches de pierre cassées par le tassement ou le fléchissement des murs qui les portent ; — 5· aux plates-bandes de pierre, au pourtour des murs, cassées par les charges de plâtres qu'on a mises dessus en enduisant les murs contre lesquels elles sont posées ou par les lambris posés dessus à force ; — 6· aux pavés des grandes cours et écuries ; — 7· aux trottoirs : l'usage est que la commune et le propriétaire concourent à la construction des trottoirs de la manière suivante : la commune fournit les pierres servant de bordure, le propriétaire est chargé de l'établissement et de l'entretien du trottoir, ce qui comprend la pose de la bordure, la maçonnerie et l'asphaltage. (L'article 4 de la loi du 7 juin 1845 consacre cet usage) Les demandes des pierres de bordure doivent être adressées, à la Mairie avant le mois d'avril c'est-à-dire avant l'époque où la ville commence l'exécution des travaux de voirie ; 8· aux portes, fenêtres, fermetures, volets des appartements, châssis, panneaux de menuiserie, lambris, parquets, vitres (cassées par vétusté ou par force majeure), pavés, carreaux, tuyaux de fer, de plomb ou de grès, treillages et généralement à tous les objets de maçonnerie, menuiserie, serrurerie, qui ont été brisés, détériorés, endommagés par vétusté, par force majeure, par le vice de la matière ou par un défaut de construction.

réparations locatives (1), et doit les rendre tels, sauf la preuve contraire. (*Art.* 1731, *CC.).*

Les prescriptions du Code à ce sujet (*art.* 1754) ne sont pas limitatives; il en est d'autres consacrées par l'usage des localités et par la jurisprudence.

L'usage, à Avignon, met à la charge du locataire les réparations suivantes:

1° Le ramonage annuel des poêles et des cheminées. D'ailleurs, un arrêté municipal du 9 septembre 1854, qui a prescrit certaines mesures pour prévenir les incendies, si fréquents dans la commune d'Avignon, porte:

« Art. 2. — Il est enjoint à tous les proprié-
« taires et locataires de faire ramoner, au moins
« une fois par an, les cheminées de leurs mai-
« sons et tous tuyaux conducteurs du fumée. »

2° L'entretien des croissants de cheminée. Il y a lieu également à réparations locatives pour le bris du carrelage et des plaques de fonte qui servent de contre-cœur aux cheminées;

3° L'entretien des panneaux, battants ou lames de parquets, des cloisons et lambris d'appartements brisés ou dégradés; les tâches de graisse,

---

(1) Les réparations locatives ne se font qu'à l'expiration de la location; l'acceptation des clefs par le propriétaire à ce moment là, constitue la preuve que le locataire s'est acquitté envers lui de ses engagements.

d'huile, d'encre, etc... les brûlures sont à la charge du locataire ;

4° L'entretien des placards ou armoires, de leurs fermetures et étagères, des volets, contrevents, chambranles des portes, des tables-consoles, des glaces, des vitres, des dorures, sculptures, trumeaux, dessus de porte, encadrements, des papiers, tentures et tapisseries déchirées ou salies (1) ; le locataire a le droit de garder les morceaux des glaces cassées qu'il remplace, mais, s'il prouve que la glace a été brisée par l'effet de la boiserie en se déjétant ou du plâtre en se gonflant ou se tassant, il n'est pas tenu de la réparation ;

5° L'entretien des treillis en fil de fer ou en laiton ; des rampes des escaliers ou perrons, des tringles de fer des croisées et alcôves, des grilles et balcons auxquels il manquerait quelque pièce ou quelque enroulement aux barreaux ;

6° L'entretien des poulies, seaux, mains de fer, chaîne et corde des puits ; l'entretien des poulies de greniers ;

7° L'entretien de toute la serrurerie des portes, des fenêtres et des armoires, ce qui

---

(1) Il n'y a pas lieu à réparations pour les trous que le locataire a pratiqués dans les murs ou plafonds pour accrocher des tableaux, poser des patères, couronnes de lit, etc... Il n'a fait qu'user de la chose louée.

comprend les gonds, pivots, pentures, targettes, verroux, crochets, pitons, serrures, loquets, tourniquets, clinches, bascules, poignées, supports, espagnolettes, crémornes, etc..

8° Le remplacement des pierres à laver et carreaux des cuisines, brisés, écornés ou détériorés par son fait et non lorsqu'ils sont simplement ébranlés ou déchaussés ;

9° L'entretien des fourneaux de cuisine, carreaux et grilles des potagers, grille et orifice du tuyau des éviers. Le locataire répond de la brisure ou de l'écornure des éviers ou pierres à laver, à moins qu'elles ne résultent d'un défaut dans la pierre ;

10° L'entretien des piston, tringle et balancier de la pompe ;

11° Le nettoyage des conduits d'écoulement des eaux ménagères. — Les réparations aux tuyaux de descente des eaux pluviales et ménagères et de leur dégagement sont à la charge du propriétaire, lorsque la grille placée à l'orifice est en bon état ;

12° La réparation des fuites et dégradations survenues à des appareils d'éclairage au gaz, servant personnellement au locataire ;

13° Les cuvettes de siéges d'aisances et autres appareils étant d'un usage quotidien, leur entretien est à la charge du locataire, qui doit réparer les dégradations faites par maladresse ou par violence. Les dégradations provenant de l'usure ou des vices de fabrication sont à la charge du propriétaire, ainsi que celles occasionnées par la rouille ou l'oxyde dans les parties de ces cuvettes où le locataire ne peut accéder ;

14° Les réparations à faire aux vases de fleurs et bancs de jardin, lorsqu'ils sont en faïence, en fonte, en fer ou en bois : il n'en est pas de même pour les vases de terre cuite, de marbre, de pierre, pour les bancs en pierre, pour les statues en marbre, pierre, plâtre ou terre cuite dont l'entretien est alors à la charge du propriétaire ;

Les arbustes, arbrisseaux, fleurs plantés par le locataire peuvent être enlevés par lui à la fin du bail.

15° L'entretien des sonnettes et sonneries électriques. D'après l'usage, le propriétaire n'est pas tenu de faire poser des sonnettes dans l'intérieur de la maison ou de l'appartement loué, les sonnettes des portes d'entrée sont seules à sa charge ;

16° L'entretien de l'aire des fours et de la voûte supérieure sont à la charge du locataire ;

le propriétaire est tenu d'entretenir les murs du four, la voûte de dessous, le tuyau ou la cheminée ;

17° Relativement aux écuries et remises, les trous faits dans la maçonnerie des mangeoires doivent être rebouchés aux dépens du locataire. Lorsque le devant d'une mangeoire est rongé par les chevaux, le propriétaire est en droit d'exiger qu'un devant neuf soit remis à cette mangeoire. Les râteliers avec leurs roulons, les auges, les piliers et les barres ou planches servant à séparer les chevaux entre eux, sont entretenus par le locataire, à moins qu'ils ne soient détruits par vétusté ou force majeure ;

18° Les réparations à faire aux barrières et aux bornes des cours à voiture.

Lorsque la cour est plantée, les arbres et arbrisseaux doivent être rendus en même nombre et de même espèce qu'au commencement du bail, et, s'il en meurt quelques-uns, les locataires doivent les remplacer. — L'entretien des parterres, plates-bandes et gazons incombe également aux locataires ;

19° Les locataires sont tenus d'entretenir leurs robinets ainsi que de réparer les conduits de fer, plomb ou terre cuite, que la gelée a fait crever quand les eaux y ont été laissées mal à propos par eux.

En ce qui concerne l'installation des eaux de la ville, il importe de noter ici que la ville établit à ses frais la prise extérieure jusques et y compris le robinet d'arrêt à l'intérieur de l'immeuble, ensuite le propriétaire fait à son gré l'installation à l'intérieur. La ville entretient les robinets et tuyaux jusqu'à l'entrée de la maison où se trouve le robinet d'arrêt dont la manœuvre incombe à celui qui occupe l'immeuble. Il est bon de faire observer que ce robinet d'arrêt doit, par mesure de précaution, être fermé tous les soirs aux époques de gelée. Du reste, on consultera avec fruit le règlement des 6 et 21 septembre 1882 sur les concessions d'eau, règlement dont la mairie remet un exemplaire aux intéressés.

La couverture d'une cour est assimilée à la couverture d'un bâtiment; d'où il résulte que les frais de confection et d'entretien de cette couverture incombent au propriétaire. Ce dernier agira donc sagement en faisant établir un treillage au-dessus de la couverture, si elle est en vitrage. Toutefois, s'il existe dans cette couverture un ou plusieurs châssis ouvrants, ces châssis sont assimilés aux croisées, et, dès lors, le locataire du sol de la cour reste chargé des réparations locatives dont ils seraient susceptibles.

Les réparations locatives au pavé des grandes cours ne sont à la charge des locataires que lorsqu'il s'y trouve quelques pavés hors de place ; mais ceux qui sont cassés, ébranlés ou écrasés doivent être réparés par le propriétaire, parce que les lieux sont destinés à supporter des voitures, chariots et autres choses d'un poids considérable. En effet, le propriétaire en louant a dû s'attendre à ces dégradations occasionnées par les voitures et par les chevaux ; dégradations que l'on ne peut, au reste, imputer aux locataires, lorsqu'il n'ont joui des lieux loués que suivant leur destination. Il en est de même de la dégradation des joints et de la déformation des pentes.

Dans les petites cours où il n'entre pas de voitures, le locataire est tenu de réparer les pavés qui sont cassés et de remplacer ceux qui manquent, à moins que ces défauts ne viennent de la vétusté ou de la mauvaise qualité des pavés, ce qui se présume quand une grande partie des pavés se trouve en mauvais état.

L'entretien des pavés qui ne sont qu'ébranlés n'est pas à la charge du locataire, parce que les

cours sont exposées aux intempéries de l'air,
causes naturelles de destruction.

Tous les locataires d'une même maison ont
droit à l'usage de la cour de cette maison,
comme ils ont droit à l'usage des lieux d'aisances,
à moins que le propriétaire n'ait stipulé formellement que la cour serait à l'usage exclusif de
tel locataire.

En effet, par sa destination naturelle, une
cour sert à éclairer les appartements, à scier et
fendre le bois, à puiser de l'eau, à effectuer des
lavages et nettoyages momentanés, à carder
temporairement les matelas, à faire acciden-
tellement des emballages et des déballages, à
secouer les habits, torchons et tapis d'appartements. De plus, si la cour est accessible aux
voitures, elle sert au service des écuries et des
remises, c'est-à-dire au pansement des chevaux,
au nettoyage des voitures et harnais, à l'appro-
visionnement des fourrages et à l'enlèvement
des fumiers.

Mais, lorsque le sol de la cour est loué
particulièrement à un locataire, un usage
constant et reconnu partout veut que les autres
locataires aient toujours le droit de secouer, par
les fenêtres sur la cour, les habits, torchons et
tapis d'appartements, surtout en présence des

règlements de police défendant de faire ces nettoyages sur la rue.

Que la cour soit affectée à une industrie et louée comme telle, ou quelle soit commune à tous les locataires, cette cour doit être tenue en bon état de propreté, et les locataires qui ne jouissent pas du sol sont fondés à l'exiger. En conséquence, on ne doit y faire aucun dépôt permanent ou y jeter aucuns objets autres que les menues ordures et la poussière provenant des tapis ; les eaux ménagères sont versées dans les cuvettes et réceptables disposés à cet effet et ne doivent arriver dans la cour que par les tuyaux de descente.

Le balayage et l'éclairage de la cour sont supportés en proportion du développement de la facade de chaque corps de logis sur la cour commune.

A Avignon, les locataires sont obligés de loger les militaires de passage, quand les casernes ne suffisent pas. De plus, ils sont tenus de satisfaire aux charges de police et de ville, comme, par exemple, le balayage et l'arrosage du devant de la maison, lesquels sont spécialement à la charge du locataire du rez-de-chaussée. D'ailleurs, chaque année un arrêté municipal oblige tous les habitants et locataires à balayer et laver matin et soir, la partie de la voie publique au-devant de leurs maisons, magasins, jardins et autres emplacements, jusqu'au milieu de la chaussée. La cloche de l'Hôtel de Ville annonce l'heure de l'arrosement, qui n'a jamais lieu qu'en été, ainsi que l'heure du balayage et du lavage qui ont lieu entre 6 et 7 heures du matin du premier avril au trente septembre, et entre 7 à 8 heures du matin, du premier octobre au trente un mars (1).

Dans les rues où existent des bouches d'eau, les habitants peuvent se servir, pour le lavage des rues, de l'eau débitée par ces bouches, mais seulement après nettoyage à fond du ruisseau, et sous condition de ne pas éclabousser les passants et de ne pas gêner la circulation.

Les boues et immondices, glaces et neiges, sont mises en tas, et ces tas sont placés par les habitants, le long du ruisseau, de manière à ne pas arrêter le cours de l'eau. Défense expresse est faite de déposer les immondices au milieu de la chaussée, devant les propriétés voisines, comme aussi de les jeter dans les bouches d'égout.

Nous devons faire observer qu'à Avignon, le propriétaire est chargé du paiement des impo-

---

(1) *Arrêté municipal du 17 août 1881.*

sitions des portes et fenêtres. Cet usage a été reconnu et consacré par plusieurs jugements du Tribunal d'Avignon, dont le dernier est du 3 janvier 1876. Le propriétaire paie donc ces impositions sans les réclamer jamais au locataire.

Le propriétaire paie également les droits de déclaration et d'enregistrement pour locations verbales, perçus en vertu des lois du 23 août 1871 et du 29 février 1872, mais avec recours contre le locataire, qui lui en rembourse le montant en payant son loyer.

CHAPITRE XVII
Du Bail à ferme

Durée des baux à ferme. — Epoques d'entréc en jouissance, de sortie et de payement des fermages. — Réparations locatives à faire par le fermier, et travaux d'entretien laissés à sa charge. — Délai des congés. — Tacite reconduction. — Facilités données par le fermier entrant au fermier sortant, et réciproquement.

(Articles 1736, 1738, 1774, 1775, 1776, 1777, 1778 du Code civil),

On appelle *fermier* celui qui prend un bien rural à bail, moyennant une redevance fixe, consistant soit en argent, soit en denrées, soit partie en argent et partie en nature.

Celui qui cultive sous la condition d'un partage de fruits avec le propriétaire, s'appelle plus particulièrement *colon partiaire* ou *métayer*; il est plutôt un associé qu'un preneur à ferme.

Nous allons résoudre successivement les diverses questions qui ont trait à nos usages locaux, tant pour le bail à rente fixe que pour le bail à mi-fruits.

Section I. — Du Bail à rente fixe.

Dans le territoire d'Avignon, les baux à rente fixe ont habituellement une durée de six, sept ou neuf ans, parfois avec faculté de résilier au bout de deux ou trois ans, en se prévenant un certain temps à l'avance.

Ils commencent et finissent à la Madeleine (22 juillet). Par exception, à cause de certaines cultures, le bail commence quelquefois à la Toussaint pour finir à la même époque.

Pour les prés, qui ne font pas partie d'une exploitation, le bail commence le plus souvent le 2 février.

Les prairies naturelles et artificielles qui font partie d'une exploitation, sont exclusivement au fermier entrant le 22 juillet; il doit, en sortant, laisser à son successeur les coupes à faire.

Que le bail soit à rente fixe ou à mi-fruits, les prairies naturelles doivent être fumées tous les deux ans. Elles sont coupées en trois coupes, dont la dernière à la Saint-Michel (1).

Le regain appartient au fermier entrant.

Quant aux prairies artificielles, la luzerne, qui est la plus importante de toutes, fournit cinq coupes annuelles.

Les baux sont censés faits pour un an, quand leur durée n'est pas limitée ; il n'y a d'exception que pour les terres en garances (3 ans) (2), pour les luzernières (3 à 6 ans suivant la nature du terrain), et les terres à sainfoin (2 ans).

Remarquons toutefois qu'il ne saurait résulter de là qu'un fermier puisse, en faisant du sainfoin ou de la luzerne la dernière année de son bail, en prolonger la durée. Le sainfoin semé ne lie point les parties, et le propriétaire aurait le droit, dans ce cas, de reprendre sa terre jusques avant l'hiver qui en précède la

---

(1) On fait trois coupes de foin sur une prairie, et on pourrait, au besoin, en faire quatre ; mais on se borne à faire brouter sur place l'herbe qui pousse après la troisième coupe,

(2) Car les garances restent en terre 18 mois en moyenne (par exception 30 mois), et le fermier a le droit de jouir de la bonification pour une récolte de blé, mais le propriétaire a le droit de lui payer cette bonification, et le fermier ne saurait refuser.

récolte, en remboursant au fermier le prix de la graine employée, mais non le prix du travail.

A moins de conventions contraires, le bail verbal pour les terres en garance est censé fait au moins pour trois ans. La raison en est que la garance doit rester en terre une période de 18 mois pour arriver à complète maturité; le guéret reste au fermier, qui a le droit de le semer en blé; le bail dure donc trois ans.

En effet, dans l'usage du pays, comme d'aprés l'article 1774 C. C., les baux des terres faits sans écrit sont censés faits pour le temps nécessaire pour que le preneur recueille tous les fruits que peut produire l'héritage affermé. Mais comme la culture de la garance exige des travaux préalables et des préparations d'engrais et de terrains qui commencent dès le mois de novembre, les fermiers ou métayers, pour avoir constamment des garances à extraire toutes les années, ont à préparer et à ensemencer chaque année, au 1er novembre, en garance, de nouvelles terres; dans le silence du propriétaire, un nouveau bail recommence par tacite reconduction, et toujours pour une durée de trois ans. Pour faire cesser le bail, le propriétaire doit donner congé avant le premier novembre. Par suite de ce congé, le fermier doit s'abstenir de

faire de la garance, ou s'il en fait, c'est à ses
risques et périls.

Pour les oseraies, le bail fait sans écrit dure
un an ; il commence à la Toussaint, mais le
fermage se paie à la Madeleine suivante.

L'usage général veut que le fermier sortant
ne reçoive aucune indemnité pour les oseraies
et saules qui n'ont pas atteint l'âge de la coupe
(3 ans) ; de même il n'a plus aucun droit sur
les coupes après sa sortie parce qu'il a trouvé,
en entrant, les bois divisés en coupes régulières
et à peu près égales. La dernière coupe a dû
être effectuée au mois de mars qui a précédé sa
sortie.

Le fermier sortant qui a excédé les coupes
annuelles ou a coupé avant l'âge doit au fermier
entrant une indemnité, qui se règle à dire
d'experts.

Dans aucun cas, le fermier ne peut après sa
sortie procéder aux coupes qu'il n'a pas faites
pendant sa jouissance.

Ordinairement la culture de l'olivier est
confiée à un méger ou est conduite directement
par le propriétaire. Il est rare qu'on afferme un
verger d'oliviers à prix d'argent. Lorsque l'olivette est entre les mains d'un méger, celui-ci
fait toutes les avances ; le propriétaire donne

seulement sa terre, paye la moitié de la fumure achetée sur place, sans les frais du charroi et une partie des droits du moulin.

Les droits du moulin consistent : 1° en un payement de 4 % en nature à l'usinier ; 2° dans l'acquittement de 1 fr. 25 cent. par pressée de cinq doubles décalitres aux ouvriers de l'usine. Ce dernier droit est à la charge exclusive du méger ; le premier est supporté par moitié par le propriétaire.

Lorsque le verger d'oliviers est affermé à prix d'argent, le taux du bail par hectare est en moyenne de 160 francs. Il faut le repéter, le fermage à prix d'argent est excessivement rare à cause de l'instabilité des rendements. Ainsi depuis plusieurs années, la sécheresse est telle et les produits sont si minimes, qu'un fermier dans ces conditions aurait fait les plus tristes affaires (1).

Le bail des vergers d'oliviers commence à la Noël et est censé fait pour deux ans, car il est reconnu qu'ils ne produisent que de deux années l'une, c'est-à-dire l'année où ils n'ont pas été émondés, Or l'émondage se répète de deux ans en deux ans, et si le bail ne durait qu'un an ou durait un nombre impair d'années, il arriverait

____

(1) *Barral.* Rapport sur les irrigations de Vaucluse.

que les émondages que le fermier aurait à faire
ne seraient plus en proportion des récoltes qu'il
percevrait. Mais s'il s'agissait d'un domaine
contenant plusieurs vergers mis par l'émondage
en soles différentes et à peu près égales, le bail
ne devrait être censé fait que pour un an, parce
qu'en ce cas le fermier recueillerait tous les
fruits de l'héritage loué.

La récolte des olives appartient au fermier
sorti au mois de juillet ou de novembre, parce
que les olives ne sont mûres et ne peuvent être
cueillies qu'après la Toussaint.

Le fermier à rente fixe comme celui à mi-fruits
doit fumer les oliviers tous les deux ans. De
plus, il doit les chausser avant les grands froids
et les déchausser à la fin de mars.

Le payement du fermage se fait en une seule
fois, terme échu. Pour les pièces détachées,
telles que garances, luzernes, vignes, etc... ce
fermage se paie toujours le premier novembre.
Le fermage est toujours portable au domicile du
propriétaire, à moins de conventions contraires.
Il en est de même des *outres* ou accessoires du
prix de ferme, qui sont toujours en nature. Ces
redevances que le fermier ou le métayer doit
donner en sus, en *outre* du prix de ferme ou du
partage des produits (pour le bail à mi-fruits),

consistent en volailles, lapins, douzaine d'œufs, légumes, etc...

Les réparations locatives (indépendamment de celles prescrites par la loi), et les travaux d'entretien laissés à la charge du fermier sont chez nous d'après l'usage :

1° Le curage annuel des fossés d'arrosage, mitoyens ou non, et de ceux servant à l'écoulement des eaux ;

2° L'entretien des chemins d'exploitation, des ponts, des berges, des filioles d'arrosage, des prises d'eau, des clôtures, des haies ;

3° Les réparations à faire, dans les étables, aux mangeoires et aux râteliers dégradés ;

4° L'entretien de l'aire des granges ;

5° L'entretien des tonneaux, cuves et autres vaisseaux vinaires ;

6° L'entretien dans les moulins et les norias de tous les battants, tournants, travaillants, volants, cabestans, godets, chaînons et autres appareils ; l'usage est de faire un état estimatif à l'entrée et à la sortie du fermier : la différence entre ces deux estimations est comblée en argent par qui de droit ;

7° L'échenillage. Chaque année un arrêté du Préfet de Vaucluse oblige les usufruitiers, fermiers, régisseurs, etc..., à écheniller du 1er au

31 mars, les arbres, arbustes, haies et buissons existant sur leurs propriétés et les invite à prendre des mesures pour la destruction des hannetons ou de leurs larves. Ils doivent, de plus, brûler immédiatement les bourses et les toiles arrachées des arbres, haies et buissons, et ce, dans un lieu où il n'y ait aucun danger de communication de feu aux bois ou aux habitations. Si ces prescriptions ne sont point suivies, les maires ont le droit de faire opérer l'échenillage par des ouvriers à leur choix, aux dépens des contrevenants à l'arrêté préfectoral ;

8° Le remplacement et l'émondage des arbres fruitiers et autres, ainsi que des ceps de vignes qui périssent. Les arbres qui viennent à mourir pendant la durée du bail doivent être abattus par le fermier. Le tronc appartient au proprié-taire. Le fermier doit le lui porter à son domicile ; il profite des branches et des racines.

9° Le remplacement des mûriers morts : le fermier plante le sujet nouveau, que le proprié-taire lui fournit ;

10° Le fermier est tenu de transporter gra-tuitement les matériaux nécessaires pour les réparations des bâtiments de ferme. Mais, il ne doit plus le charroi, s'il s'agit de constructions nouvelles ou de grosses réparations.

Lors même qu'il n'y a pas eu d'état des lieux dressé, à l'entrée en jouissance, le fermier doit, à sa sortie, laisser les lieux dans l'état où il les a trouvés. L'usage le plus général est d'exiger que les réparations locatives soient faites annuellement et toujours avant la sortie du fermier.

Indépendamment des arbres mis en remplacement de ceux morts ou arrachés, si le fermier sortant a planté des arbres dans le domaine ou dans la terre, le propriétaire peut l'empêcher de les arracher et les retenir, en remboursant le prix des plants et en payant le travail nécessité par la plantation. (Cet usage est d'ailleurs conforme à l'article 555 du Code civil). L'indemnité est réglée de la manière suivante pour les plantations dans les clos et vergers : on donne 50 centimes par pied d'arbres et 25 centimes par pied de vignes, reconnu raisins de table.

Il existe cependant une exception pour les pépinières créées par le fermier. Comme ils ont été plantés dans un but de spéculation et constituent un produit, les arbres des pépinières ne peuvent être retenus par le propriétaire du fonds, même en payant au fermier le prix des plants et la main-d'œuvre.

Les sarments provenant de la taille des vignes

appartiennent au fermier entrant qui est chargé de la taille.

On doit, lorsqu'on fait de la garance ou de la luzerne, laisser libre un espace d'au moins deux mètres en tout sens du pied des mûriers.

Les congés doivent être donnés un an et un jour à l'avance. Les baux verbaux ne cessent jamais de plein droit ; cet usage est en opposition avec la loi qui veut (art. 1775) que le bail cesse de plein droit à l'expiration du temps pour lequel il a été fait, selon l'article 1774.

Néanmoins, chez nous, le fermier prévient le propriétaire ou est prévenu par lui, pour la sortie, au moins un an et un jour à l'avance. Cette pratique constante, qui était suivie dans notre région méridionale avant la promulgation du Code, s'est maintenue ; elle a l'avantage de permettre aux propriétaires et aux fermiers d'être fixés sur ce qu'ils ont à faire avant l'expiration du bail, mais en l'état de la législation actuelle, elle n'est pas obligatoire.

D'ailleurs, en examinant bien cet usage qui, au premier abord, paraît contraire aux prescriptions du Code civil, il résulte des termes mêmes de l'article 1774 que le législateur n'a entendu ne réduire la durée des baux verbaux à un an que pour les fonds dont les fruits se recueillent en entier dans le courant de l'année, et qu'il a voulu laisser aux baux des autres fonds une durée suffisante pour que le preneur puisse recueillir tous les fruits qu'ils peuvent produire, d'après les cultures et les procédés agricoles de chaque localité. C'est pour cela que le même article ajoute que le bail des terres labourables (dont néanmoins les fruits se recueillent dans l'année), lorsqu'elles se divisent par soles ou saisons, est censé fait pour autant d'années qu'il y a de soles.

Le fermier doit vider les lieux le jour même de l'expiration du bail à midi. Mais, si le bail expire à la Madeleine, l'usage est de lui laisser jusqu'à la Toussaint pour la récolte de la garance. Pour les luzernes, l'usage veut que si la quatrième coupe n'est pas prête à la Madeleine, le fermier ait huit jours de plus pour la faire dans un état de complète maturité. Néanmoins, le fermier sortant doit laisser à son successeur la faculté de semer les terres libres de récoltes.

Il est reconnu dans notre territoire que le fermier sortant ne doit pas laisser des terres ensemencées dont son successeur fera la récolte à moins qu'il n'en eût reçu lui-même à son entrée en jouissance, mais cela n'arrive presque jamais.

Le silence des parties en fin de bail donne lieu à la tacite reconduction qui fait continuer le bail aux mêmes conditions. C'est là, il est vrai, une coutume qui est en opposition avec l'article 1776 qui veut que le bail continue suivant l'article 1774, lorsque le fermier reste et est laissé en possession, à l'expiration du bail ; mais il faut voir là surtout une question de bonne foi et si, par leur manière d'agir, les parties montrent que leur commune intention a été de suivre l'usage reçu, on doit, le cas échéant, admettre la tacite reconduction comme la chose la plus naturelle et la plus juste.

Donc, pour faire cesser le bail, il faut que l'une des parties donne congé à l'autre. Tant qu'il n'y aura pas de congé signifié, il s'opèrera un nouveau bail, qui durera encore un an, et ainsi de suite.

Le fermier sortant doit accorder au fermier qui le remplace toutes les facilités nécessaires à l'exploitation du domaine, et réciproquement le nouveau fermier doit à celui à qui il a succédé les mêmes facilités pour la perception des récoltes à faire.

Le fermier entrant qui reçoit les engrais, pailles et poussiers, en doit à sa sortie une égale quantité sans indemnité. Cette quantité est ordinairement déterminée par un état estimatif dressé au commencement du bail. Mais s'il n'avait pas été fait d'état, il devrait tout laisser.

Mais le fermier qui n'a rien reçu, peut-on le forcer de céder, moyennant indemnité, tous les engrais de l'année, trouvés dans la ferme ? Un usage conforme à l'esprit de la loi veut que le propriétaire n'ait la faculté de retenir que les engrais fabriqués avec des matériaux provenant du sol affermé ; ainsi les fumiers d'écuries ou d'étables, les végétaux stratifiés, les feuilles des arbres, les cendres de four et de foyer, la vase extraite des égouts et fossés, les déjections des pigeons et animaux de basse-cour, peuvent être retenus suivant estimation. Il n'en est pas de même des cendres achetées par le fermier ; de la chaux, à moins qu'elle ne soit mélangée avec de la terre ; de la trouille et autres engrais chimiques qui ont une origine étrangère à l'exploitation.

Le fumier provenant de l'exploitation ne doit, dans aucun cas, être emporté hors du domaine par le fermier ou le métayer.

Quant aux foins, il faut distinguer si l'époque de l'entrée en jouissance est postérieure ou antérieure à la récolte. A l'époque de l'entrée en jouissance, on évalue ordinairement la quantité de foin que le fermier reçoit ; il en doit une quantité égale à sa sortie et peut disposer de tout le surplus. A défaut d'évaluation, tout le foin appartient au fermier sortant, et, de même que lorsque le fermier n'a pas reçu le foin, il ne peut être contraint de le laisser, même avec indemnité ; ainsi donc, on n'applique pas au foin les dispositions de l'article 1778 du Code civil.

Lorsque l'expiration du bail a lieu postérieurement au 22 juillet, le fermier sortant fait la récolte des vignes et celle des autres fruits des arbres ; dans tous les autres cas, cette récolte appartient au fermier entrant, à moins que son prédécesseur, par convention particulière, n'y ait droit et ne l'ait pas recueillie à son entrée. Mais le fermier sortant, qui laisse la récolte des vignes, n'en doit pas moins faire les façons nécessaires.

Section II. — Du bail à moitié fruits

Ce bail a toujours été plus en usage dans le Comtat que chez nous ; cependant aujourd'hui il entre davantage dans nos mœurs agricoles, à cause de la crise que subit notre région.

Le bail à mi-fruits a une durée de trois, six ou neuf ans. Il commence comme le bail à rente fixe, à la Madeleine (22 juillet), ou à la Toussaint, et finit à la même époque.

Les semences sont fournies par moitié : quelquefois, par exception, le propriétaire fait au fermier ou *métayer* les avances des semences et il les prélève avant partage, au moment de la récolte.

Si, par suite d'inondation, les semences sont perdues, de nouvelles semences sont fournies par moitié.

Nous devons cependant faire observer que, dans l'île de la Barthélasse, un usage tout particulier veut que les semences de toutes sortes soient toujours fournies par le fermier, mais si les semences de blé ou d'avoine viennent à périr par inondation, le propriétaire contribue pour moitié au nouvel ensemencement, mais seulement à la deuxième submersion ; quelquefois même dans certains domaines ce n'est qu'à la troisième submersion que le propriétaire intervient. D'où il suit que le fermier court seul des risques considérables ; cet usage est pourtant contraire aux caractères mêmes du bail à mi-fruits, dans lequel le propriétaire et le métayer doivent également supporter les pertes et le profit.

Le tourteau, la trouille et les autres engrais

que l'on emploie dans l'exploitation du domaine
sont fournis par moitié. La paille et le fumier,
produits de la propriété, ne peuvent en être
divertis.

Le métayer fournit tout ce qui est nécessaire
à l'exploitation, animaux et instruments aratoires, excepté les claies et le matériel de la
magnanerie. Tous les travaux agricoles, toutes
les cultures sont faites par le métayer à ses frais.
Il ne commence à moissonner et à battre le
grain qu'après en avoir prévenu le propriétaire ;
il ne doit pas dépiquer ailleurs que dans l'aire
de la ferme. Toutefois, les frais d'extraction de
la garance sont supportés pour un tiers par le
propriétaire et les deux autres tiers par le
fermier.

Les garances doivent être sarclées, mais
seulement la première année, aussi souvent
qu'elles en ont besoin. Les sarclages, quel qu'en
soit le nombre, sont à la charge exclusive du
fermier.

Le bail à mi-fruits ayant les caractères d'une
association dans laquelle le propriétaire apporte
son capital représenté par la terre et le fermier
son travail, toutes les récoltes se partagent par
moitié ; le métayer ne peut disposer de sa portion
qu'après le partage, et doit transporter au

domicile du propriétaire ou au marché la part qui lui revient.

Le produit de la basse-cour est ordinairement partagé par moitié ; toutefois, pour certains domaines, on stipule des *outres :* le métayer doit donner une douzaine d'œufs par chaque poule, une paire de poulets par couvée et cinq jeunes lapins par mères entretenues dans le domaine.

Le propriétaire paie les taxes d'arrosage et les redevances syndicales ; il fournit les plants pour le remplacement des arbres morts.

S'il a été convenu que le maître fournira du fumier ou des engrais, ou si, sans convention expresse, il en fournit, le métayer doit en faire le charroi à ses frais.

Aujourd'hui qu'on emploie généralement les engrais chimiques comme plus avantageux, si le prix de la paille couvre les frais d'achat des engrais, le transport est exclusivement à la charge du métayer, pourvu qu'il ait lieu dans un rayon de 16 kilomètres. Mais si le prix d'achat des engrais dépasse le produit de la recette des pailles, alors le maître et le métayer supportent par moitié les frais d'achat et de transport de l'excédant.

Les pertes sont toujours supportées par moitié,

à moins qu'elles ne proviennent de la faute du preneur. Le métayer ne peut jamais prétendre à aucune indemnité, quelle que soit la diminution éprouvée dans les récoltes.

Ordinairement, les fruits provenant des arbres d'un jardin fruitier sont réservés au propriétaire. Le métayer doit tailler les arbres périodiquement ; il profite du bois. Il ne peut arracher les arbres morts qu'en avertissant le propriétaire ; il profite des branches et des racines, mais le tronc appartient au propriétaire ; le métayer doit le lui porter à son domicile.

Le fermier n'a rien à prétendre sur l'arbre vivant que le maître fait arracher à ses frais ; mais s'il en résulte une perte ou un dommage pour les récoltes, il a droit à une indemnité.

Chaque année, le métayer doit tailler la vigne ; les sarments sont partagés et sont liés aux frais du fermier. Le propriétaire fait tailler et cultiver à ses frais les nouvelles plantations de vignes pendant trois ans, c'est-à-dire jusqu'à ce qu'elles soient en rapport. Dans quelques domaines, le métayer qui plante une vigne la cultive et ne doit aucun fermage pendant cinq ans ; mais à dater de la sixième année les fruits se partagent.

Le bois provenant de l'émondage des arbres

et des haies appartient au métayer comme au fermier à rente fixe. Pour ce dernier, il représente un produit, et pour l'autre on a admis, de tout temps, que la valeur du bois représentait à peu près la valeur du travail exigé par la taille ou l'émondage. Toutefois, il n'en est pas de même pour l'ébranchement dit cèpe des saules ; les barres en provenant sont partagées par moitié. Les sujets des saules et peupliers à planter doivent être pris, avant tout partage, sur la cèpe.

Les mûriers qui doivent être taillés la dernière année d'un bail, sont taillés par le fermier sortant, au plus tard à la Saint-Jean (24 juin). Le bois provenant de la taille reste, sans partage, au fermier.

La feuille de mûrier, en sus de la cueillette pour les vers à soie, est ramassée aussi par le fermier avant la deuxième maturité, c'est-à-dire vers la Saint-Michel. Elle est engrangée et donnée aux bestiaux pendant l'hiver. La cueillette des feuilles des jeunes plants de mûriers ne doit se faire qu'après la troisième année de leur plantation.

Tout ce que l'on est obligé d'acheter ou de louer pour l'exploitation de la métairie, en dehors des instruments aratoires ou de charroi, est payé moitié par le propriétaire et moitié par le métayer ; il en est de même de la feuille de mûrier qui pourrait manquer à l'éducation des vers à soie après consommation de celle produite par la ferme.

Relativement aux vers à soie que l'on fait à demi dans les métairies, tout ce qui est nécessaire à leur éducation : graine, claies ou *canisses*, charbon, bois, etc., se paie ou se loue de moitié. La feuille qui pourrait être nécessaire, si celle du domaine ne suffisait pas, s'achète de moitié.

Si, une fois l'éducation terminée, il reste une certaine quantité de feuilles, on la vend et on partage le prix par moitié si le fermier l'a recueillie ; le propriétaire aurait droit aux deux tiers du prix si l'acheteur l'avait cueillie lui-même ; le fermier, dans ce cas, ne retirerait seulement qu'un tiers du prix.

Si l'on ne fait pas de vers à soie et que l'on vende la feuille, le prix se partage dans les mêmes proportions, et le fermier doit la porter au marché. Mais le fermier n'est pas tenu de la transporter en dehors d'un rayon de 16 kilomètres du domaine.

Dans l'intérêt du propriétaire comme dans celui du métayer, nos usages exigent que celui

des deux qui veut faire cesser l'association, pré-
vienne l'autre un an à l'avance.

Le propriétaire a le droit, la dernière année du
bail, de semer du sainfoin dans les blés du fermier.

Le métayer doit laisser, en sortant, les cultures qu'il a trouvées en entrant. En outre, il doit
laisser toutes les pailles, fumiers et poussiers.
Les pailles et autres litières doivent être conver-
ties en engrais et enfouies dans les terres du
domaine.

Les fourrages sont partagés comme toutes les
autres récoltes, et pour les années autres que la
dernière année le métayer peut disposer de sa
moitié. Mais, la dernière année, il ne peut être
sorti ni fourrages d'aucune sorte, ni fumiers,
ni pailles, ni poussiers. La fane ou rame de
garance est considérée comme fourrage.

Les fourrages sont estimés, et l'excédant sur
la quantité que le métayer a trouvée en entrant
lui est payé au prix courant.

Nous devons cependant faire observer que,
pour les terres isolées ou pièces détachées, qui
ne font pas partie d'une exploitation, le métayer
n'est pas obligé de laisser la dernière année les
pailles et foins ; on les partage par moitié.

CHAPITRE XVIII

Du louage des domestiques et employés

(Art. 1780, 1135, 1159 du Code civil. — Art. 47 du
projet de Code rural).

Sous le terme générique de *domestiques*, on
désigne toutes les personnes qui reçoivent des
gages d'un maître pour lui rendre les services
qu'il commande. On distingue ceux qui ne sont
attachés qu'à la personne du maître (valets et
femmes de chambre, cochers, cuisiniers et cuisinières, nourrices, etc.), de ceux qui sont
destinés à l'exploitation agricole (valets de
ferme, laboureurs, moissonneurs, faucheurs,
vendangeurs, magnaniers, vignerons, bergers,
jardiniers, etc).

A Avignon, les domestiques attachés à la
personne sont généralement loués au mois et
non à l'année : ils entrent en condition à toutes
les époques indistinctement. Leurs gages se
paient le mois révolu.

Les congés se donnent réciproquement en se
prévenant huit jours d'avance, peu importe
l'époque du mois à laquelle on se trouve ; car,
quoique payés à raison de tant par mois, les

domestiques ne sont pas irrévocablement engagés pour un mois (1).

Le domestique congédié immédiatement a droit à ses gages pendant les huit jours de congé, à moins que son renvoi n'ait été motivé sur des causes graves; et réciproquement, le domestique, qui, sans donner congé, quitte son maître, perd le prix de huit jours sur ses gages acquis. Cependant, le domestique peut partir sans délai, en tenant compte du salaire d'un homme ou d'une femme de journée, suivant son sexe.

Nos Statuts (livre 1, Rub. 31, article 2) étaient d'une rigueur excessive pour les domestiques qui, sans motif raisonnable, quittaient leurs maîtres avant la fin du temps conveuu; ils perdaient le salaire de tout le temps qu'ils avaient servi, et s'ils l'avaient reçu par avance, ils étaient obligés de le restituer au maître.

Tous les domestiques sont hébergés et nourris, ils ont droit au blanchissage de leur linge.

Ils doivent, avant leur sortie, laisser visiter leurs malles et leurs effets.

Le maître qui renvoie un domestique peut

---

(1) L'usage des congés en cette matière du louage des services a, chez nous, son origine dans un arrêt de règlement du Parlement de Provence, en date du 12 octobre 1722.

retenir les vêtements de livrée ou de deuil, mais il ne doit pas les faire payer au domestique. Il est d'usage que les habits de deuil restent la propriété des domestiques lorsqu'ils ont été portés pendant la durée du deuil.

Le maître est fondé à retenir pour les objets cassés, cependant la casse n'est pas toujours et forcément à la charge des domestiques à moins qu'elle ne soit le résultat de la colère ou de la méchanceté, ou s'il s'agissait d'objets que le service n'obligeait pas à toucher.

Enfin, l'usage veut que le maître supporte les frais de voyage du domestique qu'il appelle du dehors ; il doit même payer le retour, s'il le congédie après un court service et sans un motif grave.

Les services des employés attachés à la profession, tels que commis de maison de commerce, clercs de notaire, d'avoué et d'huissier, n'ont point de durée déterminée. Le paiement de leurs émoluments s'effectue mois par mois ; le délai pour les congés est de 15 jours.

Il n'y a pas d'usages particuliers pour le louage des cochers, jardiniers, portiers, concierges, gardes de propriété.

Dans le territoire d'Avignon, les domestiques pour la culture des terres et les travaux de la campagne sont loués à l'année. Car la nécessité de faire les travaux agricoles dans un temps et dans un ordre déterminés a introduit l'usage de les louer pour un temps fixe ; on les règle à la fin de l'année.

A l'exception de ceux pris en été qui sont au mois, ils sont gagés à tant par an ; de telle sorte qu'une compensation se trouve établie entre les mois d'été et les mois d'hiver, dont le salaire est moindre. Ainsi, par exemple, si le domestique entré à la Toussaint, quitte ou est renvoyé à la fin des trois mois d'hiver (novembre, décembre, janvier), il ne lui est dû aucun salaire, car il a gagné seulement sa nourriture et son entretien ; au contraire, s'il quitte ou est renvoyé après cette époque, il a droit à un salaire et on calcule ce qui lui revient par mois ou par jour.

Autrefois, il y avait une époque fixe pour l'entrée en service des domestiques agricoles ; c'était la Saint-Jean ou la Toussaint ; mais aujourd'hui ils entrent à toutes les époques indistinctement. On les prend tantôt au moment des semences, tantôt au moment de la moisson. Du reste, il est des domestiques qu'on ne loue que pour une saison ou pour le temps des travaux auxquels on les destine, par exemple, pour l'éducation des vers à soie, la récolte des foins, les vendangés, etc. ; ils doivent, en conséquence, rester jusqu'à ce que ces travaux soient terminés, et sont ordinairement payés à tant par jour. Les journaliers qui arrachent la garance se louent le dimanche, pour toute la semaine, mais pas au-delà, car le prix des journées varie souvent d'une semaine à une autre.

Quant aux domestiques payés à raison de tant par an, ils ne sont pas irrévocablement engagés pour un an ; ils peuvent quitter leur maître, et réciproquement leur maître peut les renvoyer, à la condition de se prévenir un mois ou une quinzaine au moins à l'avance ; néanmoins l'on se conforme généralement peu à cet usage.

Il importerait cependant que les conventions arrêtées entre le maître et le domestique loué pour la culture fussent scrupuleusement observées. L'engagement est censé fait pour un an ; il ne doit pouvoir être rompu dans le cours de l'année sans indemnité, soit de la part du domestique, soit de la part du maître. Malheureusement il existe dans nos campagnes un abus déplorable auquel il faudrait remédier : les valets de ferme, pour une légère augmentation de salaire, compromettent souvent par leur retraite intempestive les récoltes et les travaux agricoles; quelquefois même, certains maîtres renvoient leurs garçons de ferme, sur les motifs les plus frivoles, lorsqu'ils n'ont plus le même intérêt à les conserver.

Le domestique de ferme qui sort de chez son maître sans motifs légitimes, comme l'ouvrier qui s'est engagé à faire tel ou tel travail et qui l'abandonne avant qu'il soit achevé, sont passibles de dommages-intérêts envers celui auquel ils ont engagé leurs services, suivant la règle générale que tout fait qui porte préjudice à autrui doit être réparé, et que cette réparation se résout en dommages-intérêts, l'auteur du préjudice ne pouvant être contraint par corps à l'exécution de son engagement (1). Réciproquement, le maître auquel les services ont été engagés, ne peut, sans motifs légitimes, renvoyer le domestique avant l'expiration du temps de l'engagement, sans être tenu à des dommages-intérêts envers lui (2).

Mais, il faut le reconnaître, cette faculté de poursuivre la réparation du préjudice par le

______

(1) Les Statuts d'Avignon (Livre I, Rub. 31) avaient réglementé en ce sens le louage de services.

(2) Les domestiques attachés à l'exploitation d'un fonds rural étant, d'après l'usage, réputés loués à l'année, leur renvoi avant l'expiration de ce temps ouvre à leur profit une action en dommages-intérêts (*Cour de Bordeaux,* 3 juin 1867; *Cour de Paris,* 1er février 1873).

paiement de dommages-intérêts est le plus souvent illusoire, en raison de l'insolvabilité des
domestiques, qui abusent sciemment de leur
position. Cependant, la question du louage des
services est d'une importance majeure pour
l'agriculture, et l'application d'une légère peine
corporelle pourrait seule, croyons-nous, empêcher la désertion subite des domestiques loués
pour la culture.

Outre les serviteurs à gages, on emploie
dans nos campagnes des ouvriers qui louent
leurs services au jour le jour, qu'on nomme
journaliers. Chaque soir le maître est libre de
renvoyer le journalier et celui-ci de le quitter.

S'il a été convenu du prix de la journée, cette
convention est la loi des parties : à défaut d'accord sur ce point, on est censé avoir stipulé le
prix courant du jour.

Nos Statuts (Livre I, Rubr. XXXII, art. 3)
contenaient relativement aux ouvriers cultivateurs les dispositions suivantes, que l'usage a
consacrées : « Les vignerons et travailleurs des
« champs seront tenus de prester fidèlement
« leurs œuvres et travailler onze heures entiè-
« res aux mois de mai, juin et juillet ; et aux
« mois d'août, septembre, octobre, février,
« mars et avril, durant neuf heures entières ;

« et aux mois de novembre, décembre, janvier,
« durant sept heures entières, sous peine de
« perdre leur salaire...... »

La journée de travail des ouvriers cultivateurs va, en hiver, du lever au coucher du
soleil. Pendant le printemps, l'été et l'automne,
la journée se compte de six heures du matin à
six heures du soir, jusqu'à l'époque où le soleil
se lève après six heures et se couche, le soir,
avant six heures.

A partir du printemps jusqu'au 1ᵉʳ octobre,
les journaliers prennent habituellement deux
heures pour leurs repas, soit de 9 heures à 10
heures, et de 2 heures à 3 heures. Pour les
moissons, ils font trois repas ; ils ont deux heures à midi, dont une pour leur repas et l'autre
pour se reposer ou dormir.

Les laboureurs ont deux heures libres par
repas, de 9 heures à 11 heures et de 2 heures
à 4 heures, le printemps, l'été et l'automne ; en
hiver, ils ont deux heures seulement, de 11 heures à 1 heure.

Quand il s'agit d'ouvriers loués à la journée,
à la semaine ou au mois, que le mauvais temps
aura empêchés de travailler, il est d'usage de
ne leur payer que le temps pendant lequel ils
ont travaillé. Ainsi, s'ils ont travaillé un quart

ou un tiers de jour, on leur paie un quart ou un tiers du salaire promis pour la journée entière. Mais, si c'est par la faute du maître que l'ouvrier n'a pas pu travailler, le maître doit payer la journée entière.

Les gages ne sont dus qu'au *prorata* du travail.

Le contrat de louage de services peut être rompu par force majeure, par une maladie ou un accident qui empêche le domestique de continuer son service ; dans ce cas, il est évident qu'il n'est tenu à aucune indemnité, comme lorsqu'il est appelé pour le service militaire.

Les maladies des domestiques donnent lieu à deux questions : la première est celle de savoir si le maître doit en payer les frais ; mais la loi et l'usage veulent que le maître n'en soit pas tenu, à moins que la maladie n'ait sa cause dans l'exécution même du service. (1)

La seconde question consiste à savoir si le maître peut déduire sur les gages, le temps de la maladie. Si la maladie dure peu de jours, on ne retient rien au domestique ; mais si une longue maladie prive le maître de ses services,

----

(1) A l'égard des tiers, le maître est responsable des médicaments fournis au domestique, à son vu et su, par la raison que le fournisseur est présumé avoir suivi la foi du maître plutôt que celle du domestique.

celui-ci peut lui retenir une partie de salaire proportionnée à la durée de la maladie ou lui faire payer le journalier qui l'a remplacé.

Généralement les frais de maladie du domestique attaché à la personne sont supportés par le maître, lorsqu'il le garde et le fait soigner dans la maison.

Remarquons ici que la question dépend beaucoup des circonstances, des ressources du maître, de la conduite du domestique, de la cause de sa maladie. Heureux le domestique qui n'a pas à faire résoudre de semblables questions ! Plus heureux encore le maître qui n'a pas à s'en préoccuper !...

Ce que nous venons de dire ne regarde que les domestiques attachés à la personne, car il est d'usage que les valets de ferme, loués à l'année ou au mois, réparent le temps pendant lequel ils ont été malades.

Les nourrices sont gagées au mois.

Nos Statuts (Livre I, Rub. XXXI, art. 3) exigeaient que les nourrices *principalement* servissent leur maître jusques à la fin du temps convenu, sous peine de perdre leurs gages.

Les nourrices dans la maison sont en tous points assimilées aux domestiques attachés à la personne. Elles ne s'occupent que de leur nourrisson.

Quand elles nourrissent au dehors, elles reçoivent chaque mois, indépendamment du prix convenu et payé d'avance, une certaine quantité de savon et de sucre.

Le délai réciproque pour donner congé est de huit jours.

Si, avant l'expiration du mois, le nourrisson lui est enlevé, la nourrice a néanmoins droit au payement intégral du mois.

CHAPITRE XIX

Du Glanage

Il est d'usage constant et uniforme, dans le territoire d'Avignon, de tolérer le glanage des céréales après la formation des gerbiers vulgairement appelés *marres*, le grappillage dans les vignes après les vendanges et le râtelage dans les près et luzernes après l'enlèvement des coupes (1).

---

(1) La loi permet aux indigents de glaner, de râteler et de grappiller, mais elle n'ordonne pas au propriétaire de laisser des épis à glaner, des raisins ou d'autres fruits pour le grappillage, car elle n'a pas entendu restreindre le droit de propriété. Le Code pénal (art. 471-10° et 473) punit l'abus en cette matière.

Le grappillage des olives est également toléré après la cueillette que l'on fait aux environs de la Saint-Martin (11 novembre).

Un règlement du vice-légat d'Elci, en date du 5 août 1720, avait fixé à cette époque la récolte des olives, afin d'empêcher l'entrée dans les olivettes en tout autre temps. Le grappillage des olives ne peut avoir lieu que dans les vergers totalement cueillis, sans qu'on puisse jamais entrer dans les terres semées et les guérets.

Il ne sera pas inutile, croyons-nous, de faire observer ici que le glanage, le râtelage et le grappillage sont interdits aux personnes valides et sont permis seulement aux indigents âgés, aux infirmes et aux enfants ; cela résulte d'anciens règlements toujours en vigueur et particulièrement de l'article 10 d'un édit du 2 novembre 1554, qui réserve l'exercice du droit de glanage « aux gens vieils et débilités « de membres, petits enfants ou autres per- « sonnes qui n'ont pouvoir ni force de seyér, » c'est-à-dire de moissonner. Un arrêt de la Cour de Cassation, en date du 10 juin 1843, a main- tenu et consacré ces anciennes dispositions.

J.-F. Bonnet de St-Bonnet, dans son ouvrage déjà cité, reconnaît que le glanage des productions du sol et le grappillage étaient, de son temps, tolérés après les récoltes : *Racematio pauperibus jure diurno permittitur plane.., Politica tolerat has racemationes, et pasturagium in fundis, post fructuum collectionem* (1)....

D'ailleurs, nous trouvons dans nos Statuts et dans plusieurs ordonnances de nos vice-légats des dispositions qui sont le fondement de nos usages en cette matière.

La publication d'un ban pour le grappillage était autrefois en usage chez nous.

Les *Statuts de la cité d'Avignon* (Livre III, Rubrique VI, art. 4), portent : « Ne sera loisi-« ble à personne de cueillir les grappes laissées « par les vendangeurs, soit, comme on dit vul-« gairement, de rapuguer avant la criée qui a « coutume de se faire après les vendanges. »

Les grappilleurs ne peuvent entrer dans les vignes qui ne sont pas totalement vendangées.

Il est interdit aux glaneurs de toucher aux *marres* ou gerbiers; ils doivent s'en tenir constamment éloignés.

Nous devons faire remarquer que les anciens Statuts de l'Isle (num. 6), défendent aux habitants de « faire paître dans les estoubles de tous

---

(1) *Tractatus de animalibus, curribus et plaustris,* cap. XXXVII, num. 81. — cap. XLIII, num. 2.

« grains avant la Madeleine, soit que les pos-
« sessions leur appartiennent ou non, pour don-
« ner le temps aux pauvres de ramasser les épis
« qui restent après la moisson. »

On ne doit pas entrer dans un pré pour y
glaner avec le râteau jusqu'à ce que le propriétaire en ait fait enlever le fourrage, ni du
moment que l'herbe nouvelle pousse.

Autrefois le râtelage était interdit chez nous.
Un règlement du vice-légat Cenci, en date du
15 mai 1686, défendait « à toutes personnes,
« tant grands que petits, autres que les pro-
« priétaires ou leurs fermiers, d'aller *râteler*
« foins, luzernes et autres herbes dans les prés
« et autres propriétés du terroir d'Avignon,
« tant de jour que de nuit (1). »

Le glanage et le grappillage ne peuvent avoir
lieu que dans les propriétés non closes, et pendant le jour. Le fait d'avoir glané ou grappillé
avant le lever et après le coucher du soleil ou
dans une propriété qui ne serait pas entièrement
dépouillée de sa récolte, constitue une contra-
vention punissable de un franc à cinq francs
d'amende. (Code pénal, art. 471, n° 10). Les

____

(1) On trouve également dans le *Recueil de Massilian* un autre
règlement du vice-légat Banchieri, en date du 16 juillet 1703, confirmé
et remis en vigueur par le vice-légat Doria, le 3 mai 1709.

maires règlent ordinairement les conditions du glanage et du grappillage, mais ils ne peuvent l'interdire dans les localités où les usages de glaner et de grappiller sont reconnus.

CHAPITRE XX

Du ban de vendanges et du mode de culture des vignes

Le ban de vendanges était autrefois en usage chez nous, et chaque année l'autorité municipale fixait par un arrêté l'ouverture des vendanges ; mais, en 1831, le Conseil municipal d'Avignon a supprimé le ban de vendanges, comme contraire aux droits et aux intérêts des propriétaires.

La question relative au mode de culture des vignes n'est pas spéciale à notre territoire, elle s'applique à tout le département de Vaucluse.

Le fermier doit tailler la vigne chaque année, en laissant un œil et le sous-œil, à moins que le propriétaire ne veuille un mode de taille différent.

Toutes les façons se font à la journée ou à prix fait : le métayage est peu pratiqué. Le prix de la journée est de 2 fr. 50 c., 2 fr. 75 c. et 3 fr., du lever au coucher du soleil.

Comme le vigneron n'a aucun intérêt dans le produit, les vignes sont généralement très peu soignées dans Vaucluse, lorsqu'elles ne sont pas cultivées par les mains du vigneron-propriétaire.

Autrefois on fumait peu les vignes chez nous, mais aujourd'hui que la vigne constitue un produit rémunérateur, on fume tous les deux ans et même quelquefois chaque année.

Les cultures se font à la main ou à l'araire, selon la nature du terrain.

Depuis plusieurs années, on a introduit dans notre département la culture de la vigne par les charrues-bineuses. Toutefois, ce mode de culture ne peut remplacer les cultures à bras que si le propriétaire y consent.

On donne ordinairement trois cultures : une première façon en février, à la fourche, au louchet ou à l'araire ; — une seconde en mai, à la bêche ou à la houe, et de plus, on enlève les bourgeons à la tige ; — une troisième, fin juillet ou au commencement d'août, également à la bêche ou à la houe.

FIN

TABLE DES CHAPITRES

TABLE ANALYTIQUE ET ALPHABÉTIQUE

DES MATIÈRES

(Les chiffres indiquent la page)

FIN DE LA TABLE ANALYTIQUE

9 782019 956042